2025
대입 수시

2025
대입 수시

혼잡한 입시에서 승리하는 방법

김혜남 지음

머리말

　2025학년도 입시를 앞둔 2024년에 고3이 되는 학생들과 진로진학교사들이 '2025 대학입시'에 대하여 어떤 변화가 있고 어떻게 지원전략을 세우는 것이 유리할까 관심과 고심이 깊어질 것입니다.

　입시 환경은 교과 선발인원은 지속적으로 축소되고, 교과전형은 서류평가로 '합불(합격과 불합격)'이 결정되는 대학들이 늘어나고 있습니다. 또한 고려대를 필두로 논술전형이 부활되는 등 논술에의 관심이 높아지고, 수능최저학력기준을 활용하는 대학이 증가하고 있습니다.

　급격하게 변화되는 '2025학년도 입시'를 앞두고 어떻게 지원해야 합격에 보다 가깝게 다가갈 수 있을까 입시전략을 수립하는데 관심이 지대할 것입니다. 이에 대응하는 전략이 수립되어야 학습 방향도 수립될 수 있고 안정적인 합격을 보장할 수 있습니다.

　그렇기에 2025학년도 입시전형의 변화와 지원전략을 소개하고 분석해주는 도서에 관심을 기울이지 않을 수 없습니다. 학생들이나 교사들이 깊이 있는 전략을 소개하는 '입시전략서'를 더욱 기다리고 있을 것입니다.

　이러한 수요에 부응하기 위해서 수십 년간 서울시교육청의 입시 관련 도서제작에 관여한 경험이 있고 다양한 '입시전략서'를 써왔던 경험을 살려 저술에 착수하게 되었습니다.

　시중에 분석 대학의 전형 요강을 그대로 긁어 왔다는 평가를 받는 책이 있습니다. 하지만 요강을 모아만 놓았지 구체적으로 전략을 분석한 내용은 아니라는 평을 받고 있습니다. 이러한 책보다는 한 대학씩 다양한 전략과 분석을 제시해 준다면 공감을 얻고 이해할 수 있기에 효용성이 더욱 높아질 것이라는 판단이 작용했습니다.

 이 책은 변화된 2025학년도 입시의 내용이 어떤 학생에게 유불리로 작용할 수 있을지 어떻게 지원전략을 세우는 것이 유리할 지를 분석한 전략서가 될 것입니다.

 이 책은 2부로 나누어집니다. 1부에서는 총체적인 시각으로 분석한 내용이고, 2부에서는 서울권, 수도권, 지방거점 국립대 등 40개 대학을 분석했습니다. 각 대학마다 교과전형 '표' 1페이지와 '전략' 1페이지 그리고 종합전형 '표' 1페이지와 '전략' 1페이지로 구성되어 있습니다. 한 대학당 4페이지 정도이기에 본인이 관심이 있는 대학을 분석하는데 충분한 도움이 될 것입니다.
 전략서가 선보이는 것은 결코 쉬운 과정이 아닙니다.
 오랜 내공과 경륜이 바탕이 되어야 탄생할 수 있을 것입니다. 이러한 분석이 바탕이 된 이 도서가 깊이 있고 내용이 충실한 포켓판으로 인식되어 여러분들의 입시에 큰 도움이 되었으면 합니다.

2025년 새날
입시샘 김혜남

차 례

제3장 혼란스런 입시 환경을 뚫는 방법

제2부
2025학년도 입시 대학별 분석 및 지원전략
-교과·학종

제1장 서울권 대학

제2장 수도권 대학

제3장 지방거점 국립대

제1부

2025학년도 입시
지원전략

주요 대학

제 1 장

입시는
"힘 있는 정보가 변화의 선봉"

학생부 종합전형에서 나의 학업역량이 어떻게 평가될까?

5개 대학(건국대, 경희대, 중앙대, 연세대, 한국외대)이 연구한 학생부 평가항목 개선에서 '학업역량'에서 '학업성취도'는 변화 없이 그대로 유지된다. '학업태도와 학업의지'에서는 '학업의지'가 삭제되었다. 생기부 기재사항이 축소되는 상황에서 학업에 대한 의지를 확인하는 것이 어렵다는 판단 때문이다.

개선안	
	학업성취도
학업역량	학업태도
	탐구력

가장 큰 변화는 교육활동에서 익숙한 표현인 '탐구활동'이 '탐구력'으로 변경된 것이다. 탐구활동에 단순히 참여하기보다는 활동을 통해 구체적인 성과로 이어갈 수 있는 능력이 강조되어 '탐구력'이란 표현이 더 적합하다고 판단되었다.

① 학업성취도

정의	고교 교육과정에서 이수한 교과의 성취 수준이나 학업발전의 정도
세부 평가내용	●대학 수학에 필요한 기본 교과목(예: 국어, 수학, 영어, 사회/과학 등)의 교과성적은 적절한가? 그 외 교과목(예: 예술·체육, 기술가정/정보, 제2외국어/한문, 교양 등)의 교과성적은 어느 정도인가? 유난히 소홀한 과목이 있는가? ●학기별/학년별 성적의 추이는 어떠한가?

희망 진로와 연계되며 성취수준이 향상되어야

상위권 주요 대학들은 학업역량을 더 중점적으로 판단하는 경향이 있다. 학생이 대학에서 학업을 성취하는데 기본적인 학업 수준이 중요하다고 판단하기 때문이다.

학업성취도는 기존의 평가와 마찬가지로 정량적으로만 판단되지 않는다. 기초 교과인 국어, 영어, 수학과 탐구 교과인 사회/과학 교과가 정성적으로 평가되는 취지는 변화가 없다. 석차등급, 원점수뿐 아니라, 평균, 표준편차, 이수과목, 이수자 수 등이 정성평가를 지표로 종합적으로 활용된다.

그 외 교과목인 예술·체육, 기술가정/정보, 제2외국어/한문, 교양은 교양인으로 갖추어야 할 과목으로 인식하고 기초 교과와 함께 평가된다. 그렇기에 교과 과목뿐 아니라 비교과에서 소홀한 과목이 있다면 평가에 불이익이 있을 수 있다.

학생들은 학종으로 지원할 때 등급이 높으면 합격의 가능성이 높을 것이라고 기대한다. 하지만 대학은 단순한 등급으로 평가하기보다는 교과의 성취 수준이나 학업의 발전 정도에 관심을 가진다. 또한 희망 전공과 연계된 과목을 예의 주시한다. 경제학과의 경우 관련 교과인 수학과 경제과목의 성취 수준을 고려하면서 종합적으로 판단한다.

(생기부 기록예시: 《공정무역 할 것인가 승자독식 할 것인가》라는 책을 읽고 공정무역을 전 지구적 빈곤문제와 연계하여 탐구함. 생산자와 소비자간의 직거래, 생산자들의 경제적 독립 등을 해결방안으로 제시하고 보고서를 제출함.)

한년이나 학기에 따른 성적의 변화도 관심 있게 본다. 학년이 높아지면서 성적이 향상되는 모습을 주시하며 학업 내용이 희망전공과 어느 정도 연계가 되어있는가도 고려한다. 자신의 부족한 활동을 파악하여 집중적으로 보완하는 노력을 기울여야 경쟁력을 인정받는 생기부를 만들 수 있다.

② 학업태도

정의	학업을 수행하고 학습해 나가려는 의지와 노력
세부 평가내용	● 성취동기와 목표의식을 가지고 자발적으로 학습하려는 의지가 있는가? ● 새로운 지식을 획득하기 위해 자기주도적으로 노력하고 있는가? ● 교과 수업에 적극적으로 참여해 수업 내용을 이해하려는 태도와 열정이 있는가?

관심 분야에서 주도적으로 탐색하는 열정이

학생들은 다양한 형태의 수업에서 교과 내용을 바탕으로 다양한 활동을 수행한다. 토론과 탐구, 연구활동, 글쓰기 그리고 실험실습 등의 활동에 적극적이고 자발적으로 참여하도록 요구된다. 이러한 성취 과정 속에서 새로운 지식을 획득하기 위해 자기주도적으로 노력을 기울이는지 대학은 유심히 살펴본다.

학생들은 다양한 방법으로 성취 수준을 높이고 문제를 해결하기 위해서 노력을 기울인다. 학교 수업의 과제 수행 과정에서 지적 호기심을 드러낸다. 학업 능력을 향상하기 위해 노력하고, 스스로 탐구하고 이해하려는 과정에서 학업에 대한 태도와 열정이 드러난다. 대학은 교과 수업에 적극적으로 참여해 수업 내용을 이해하려는 태도와 열정을 드러낼 때 의미 있게 평가한다.

(생기부 기록예시: 사회문제 탐구 교과에서 진료 현장의 다양한 문제에 관심을 갖고 폭넓게 조사함. 의료진이 가장 힘들어 하는 것은 환자의 복잡하고 어려운 치료가 아니라 윤리적 갈등과 의료진과 가족 사이의 갈등이라고 지적하고 윤리적 시각의 해결책이 필요하다고 주장함.)

학생이 관심 있는 분야에서 주도적으로 탐색하려고 할 때 접할 수 있는 수단이 독서다. 독서활동을 통하여 배운 내용에 지적 호기심을 발휘하여 더욱 심화 발전시킬 수 있다. 이러한 지적인 발전을 위한 노력은 세부능력 및 특기사항, 행동특성 및 종합의견 등에 기록될 수 있기에 학생들은 이를 최대한 활용해야 한다. 대학은 진로역량에서와 마찬가지로 독서활동을 주시하며 간접적인 평가로 활용한다는 것을 유념해야 한다.

(생기부 기록예시: 《최고의 팀은 무엇이 다른가》를 읽고 노동자 친화 경영과 회사 조직문화를 비교하였음. 기업의 효율성은 건강한 조직문화로부터 결정된다고 분석하고 발표함. 발표 과정 중 여러 자료를 확인하고 근거를 제시함.)

③ 탐구력

정의	지적 호기심을 바탕으로 사물과 현상에 대해 탐구하고, 문제를 해결하려는 노력
세부 평가내용	●교과와 각종 탐구활동 등을 통해 지식을 확장하려고 노력하고 있는가? ●교과와 각종 탐구활동에서 구체적인 성과를 보이고 있는가? ●교내 활동에서 학문에 대한 열의와 지적 관심이 드러나고 있는가?

연계하여 탐구하며 심도 깊게

대학은 학생들이 다양한 학습활동에 적극적으로 참여하여 지식의 폭을 넓히며 지적인 관심을 충족하기를 기대한다. 이러한 노력들이 대학에 들어와서 학업을 이수하는데 필요한 역량을 향상시킬 수 있다는 믿음을 갖고 있다.

교과활동에서 토론, 실험, 연구, 탐구활동을 통해 지적 호기심을 충족하고, 다른 프로그램으로 관심을 확장하면서 심도 있게 역량을 키우도록 권장한다. 이런 활동을 수행하면서 드러나는 탐구력은 대학이 활용하는 중요한 평가항목이다.

하지만 단순한 탐구활동에 그쳐서는 의미가 없다. 다양한 학습활동에서 학습한 지식과 기능을 적용하고 활용하려는 노력에 의미를 부여한다. 즉 교과에서 배운 내용을 가지고 연계적으로 질문을 하고, 새로운 방법으로 문제를 해결하려고 할 때 의미 있게 평가한다. 이러한 탐구활동에 자발적으로 참여하여 구체적인 성과를 보여줄 때 대학은 학생에 대해 깊은 관심을 갖는다.

(생기부 기록예시: 삼각함수에서 사인법칙과 코사인법칙을 이용한 실생활 문제에 많은 흥미를 가지고 여러 가지 해결 방안을 찾으며 수학적 성취를 높이고자 적극적으로 노력함. '금융데이터와 회계 조작을 간파하는 벤포드의 법칙'을 주제로 조사하고 주변의 사회 현상을 탐구하는데 로그함수가 유용하게 사용됨을 관심 분야인 회계학과 관련하여 사례를 제시하여 발표함.)

수행평가도 탐구력을 보여줄 수 있는 중요한 활동이다. 창의적 체험활동을 통해서도 궁금증을 해결하기 위해 지식을 탐구하고 확장하려는 의지와 관심을 보여줄 수 있다. 이처럼 학교 프로그램과 연계된 다양한 탐구활동에서 학문에 대한 열의와 지적인 관심을 보여줄 때 대학은 의미 있게 판단한다는 것을 유념해야 한다.

(생기부 기록예시: '관광이 지역의 부를 창출한다'라는 주제로 관심의 폭을 넓히는 탐구를 지속함. 지역의 관광을 활성화하기 위해서 지역의 스토리를 개발하여 스토리텔링을 활용한 관광상품을 개발해야 한다는 시각을 제시함. 지역개발에 공헌할 수 있는 새로운 여행상품 수단으로 여행 플랫폼이라는 해결책을 제시함.)

아래의 체크리스트를 통해서 자신의 학업역량을 가늠해 보자. 해당 질문에 부합하는 충실한 활동을 하고 있는지 확인해 보자. 학교 활동에 적용하여 실천하면 학종에서 자신의 경쟁력을 크게 높일 수 있을 것이다.

〈학업역량 체크리스트〉

* 교과수업에 성실하게 참여하여 성적이 꾸준히 향상되고 있는가?

* 주요 교과뿐 아니라 다른 교과(음악, 체육, 미술)의 성적도 우수한가?

* 교과와 각종 탐구활동에 적극적, 자발적으로 참여하여 구체적인 성과를 산출하고 있는가?

* 교과 주제에 관심을 가지고 깊고 넓게 탐구하며 지식을 확장하려고 노력하는가?

* 다양한 교과활동에서 교과 내용의 개념과 원리를 토대로 적용하고 활용하는가?

* 학년이나 학기에 따라서 추세적으로 성적이 향상되고 있는가?

* 수행평가에서 주제탐구, 프로젝트 학습을 통해 탐구력을 신장하려 노력하는가?

* 교과와 수업 내용에서 연계적으로 질문을 하면서 지식을 확장하려고 노력하는가?

* 학습 내용을 심화시키기 위해 독서를 통해 더욱 발전하고 성장하고 있는가?

* 학교 수업의 과제수행에서 문제를 해결하기 위해 다양한 해결 방안을 모색하는가?

학생부 종합전형에서 나의 진로역량은 어떻게 평가될까?

지금까지 '전공적합성'은 '지원 전공(계열)과 관련된 분야의 관심과 이해, 노력과 준비 정도'의 의미로 사용되었다. 학생들은 대학의 전공에 맞게 준비하고 관련 활동에 노력을 기울였다. 하지만 '전공적합성'이라는 용어는 학생 활동의 범위를 제한하는 것으로 인식된다.

평가요소	평가항목
진로역량	전공(계열) 관련 교과이수 노력
	전공(계열) 관련 교과성취도
	진로탐색활동과 경험

전공 대신 진로로 바뀐 '진로역량'은 '장래 희망과 관련한 다양한 활동과 경험'으로 보다 넓게 확장된 의미를 담고 있다. 대학에서는 희망 전공(계열)과 관련하여 적절하게 과목을 이수하고 있는가뿐 아니라, 학교 교육과정에 맞춰서 다양한 진로활동과 경험이 이루어지고 있는지를 세밀하게 살펴보려 한다.

대학은 희망 전공과 관련이 있든 그렇지 않든 관심과 흥미에 따라 다양한 진로를 탐색하도록 권장한다. 학생의 입장에서는 고교 입학 후 조기에 진로를 정해야 하고 대학의 특정 전공에 맞춰서 전공 탐색을 해야 한다는 부담에서 벗어날 수 있다.

① 전공(계열) 관련 교과이수 노력

정의	고교 교육과정에서 전공(계열)에 필요한 과목을 선택하여 이수한 정도
세부 평가내용	● 전공(계열)과 관련된 과목을 적절하게 선택하고, 이수한 과목은 얼마나 되는가? ● 전공(계열)과 관련된 과목을 이수하기 위하여 추가적인 노력을 하였는가? ● 선택과목(일반)(진로)은 교과목 학습단계(위계)에 따라 이수하였는가?

교과를 이수할 때 유념해야 할 핵심 사항은?

대학은 고교 교육과정에서 학생이 대학에서 수학할 전공(계열)과 관련된 과목을 이수하였는가에 대해 관심이 높다. 서울대는 2024학년도 전형안을 예고하면서 교육과정에 따른 전공 연계 교과이수 과목을 권장과목과 핵심권장과목으로 이미 안내했다.

대학은 전공 관련 이수과목을 상세히 지정하기도 하지만 계열별로 넓게 지정하기도 한다. 예를 들어 인문/사회/상경계열은 국어와 사회과목을 이수하고, 자연/공학/의학은 수학과 과학과목을 이수하기를 기대한다. 자연/공학/의학계열은 수학과 과학을 더 이수하면서 지원학과에 맞는 과학Ⅱ, 생명과학Ⅱ, 화학계열은 화학Ⅱ, 의학계열은 생명과학Ⅱ와 화학Ⅱ을 추가로 이수할 때 의미 있게 평가한다.

학생들은 고교 교육과정에서 전공 관련 교과목을 학습단계(위계)에 맞게 체계적으로 탐구하면서 이수하도록 권장된다. 〈경제수학〉은 〈수학Ⅰ〉의 학습을, 〈미적분〉은 〈수학Ⅰ〉, 〈수학Ⅱ〉의 학습을 전제로 한다.

그렇기에 과목 선택이 위계에 따라 적절했는지 이수과목은 얼마나 되는지 살펴본다. 학습위계에 맞게 난이도와 수준을 높여 탐구하는 과정을 긍정적으로 평가한다. 진로선택과목을 선택하는 경우에 일반선택과목과의 위계성을 확인해야 하는 이유가 여기에 있다.

(생기부 기재예시: '개가 코로나19바이러스를 인간에게 옮길 가능성'이라는 주제로 보고서를 작성함. 유전학, 생명공학, 면역학에 관한 도서를 참조하여 세부적인 내용까지 학습하면서 감염 전문간호사로서 기초소양을 쌓고 진로와 관련해서 관심의 폭을 넓힘.)

학교에서 희망전공 관련 과목이 개설되지 않아 수강이 힘든 경우도 있다. 이런 경우 학업의지가 충실한 학생들은 독서, 동아리, 공동교육과정, 온라인 수업을 통해 개인적으로 희망전공 관련 과목을 보완하여 이수할 수 있다.

학생들은 난이도나 수준이 높은 소인수 과목을 기피하는 경향도 있다. 하지만 자기주도적으로 과목을 이수하며 탐색하려는 학업의지와 태도를 보여주는 것이 중요하다. 대학은 이러한 상황과 학생의 노력을 충분히 고려하여 평가한다.

진로선택과목을 무조건 많이 선택했다고 좋은 평가를 받지 않는다. 자신의 진로·적성에 따라 보통교과를 충실히 이수하고 난이도와 수준을 높여가는 교과활동이 중요하다.

진로선택과목에서 토론, 주제탐구, 과제연구, 실험 등 지원 전공과 관련한 교과활동을 충실하고 깊이 있게 수행할 때 높이 평가된다는 것을 유념해야 한다.

(생기부 기재예시: '미래 교사의 직업'에 대해 탐구하다가 관심의 폭을 넓혀 '교사가 학생의 인성 형성에 끼치는 영향'에 대해 심화탐구하여 탐구보고서를 작성하고 발표함.)

②전공(계열) 관련 교과성취도

정의	고교 교육과정에서 전공(계열)에 필요한 과목을 수강하고 취득한 학업성취 수준
세부 평가내용	●전공(계열)과 관련된 과목의 석차등급/성취도, 원점수, 평균, 표준편차, 이수단위, 수강자 수, 성취도별 분포비율 등을 종합적으로 고려한 성취 수준은 적절한가? ●전공(계열)과 관련된 동일 교과 내 일반선택과목 대비 진로선택과목의 성취 수준은 어떠한가?

진로선택과목에 집중하는 것이 좋지 않다고?

학업역량에서 다양한 과목의 교과성취도가 평가되듯이 진로역량에서도 전공(계열)과 관련된 이수과목의 교과성취도가 평가된다. 관련 교과를 선택하여 충실한 성취는 학생의 학업성취 수준을 살펴보는데 중요하기 때문이다.

대학은 공통과목과 일반선택과목에서 석차등급과 원점수, 평균, 표준편차, 이수단위와 수강자 수를 종합적으로 살펴본다. 단순히 몇 등급을 받았는가보다는 수강자 수와 원점수, 표준편차, 평균을 살펴 등급을 이해하려고 한다. 진로선택과목에서는 성취도별 분포비율을 고려한 성취도, 원점수와 평균, 이수단위와 수강자 수를 종합적으로 평가한다.

동일 교과의 경우 일반과 진로의 성취 수준이 비교되어 평가된다. 예를 들어 동일 교과를 1, 2, 3학년에 걸쳐서 종합적으로 살펴보고 성취 수준을 파악한다. 그렇기에 단순한 학업 성취보다는 과목별 수강자 수와 성취도별 분포비율 등을 고려하여 석차등급과 성취도를 비교하면서 학업 성취 수준을 정확하게 평가한다는 점을 유념해야 한다.

(생기부 기재예시: 관심 있는 내용을 과제연구 프로젝트에서 '지역의 탄소중립 수용력 진단과 대응전략 산업구조'라는 주제를 선정해 심도 있게 탐구함. 강원, 전남, 충남과 경남, 제주, 충남을 지역의 산업기반과 대응전략을 비교·분석하고 다양한 그래프를 제시하여 발표함.)

진로선택과목은 교과성적을 정성평가하는 '교과종합평가'의 성격을 보여준다. 그렇기에 진로선택과목을 통해서 진로적합성을 드러내도록 전략적으로 접근하면 학종의 가능성이 높아진다.

하지만 등급 취득이 쉽지 않다고 일반선택과목을 기피하고 진로선택과목을 집중적으로 선택하는 것도 바람직하지 않다. 대학은 동일 교과 내 일반선택과목과 진로선택과목의 교과 성취 수준을 종합적으로 평가하기 때문이다.

(생기부 기재예시: 수학과 통계를 바탕으로 의료 공간에 대한 연령별 선호도를 파악하기 위해 설문조사를 실시함. 설문조사를 활용하여 환자의 선호도를 높일 수 있는 의료 공간을 아름답고 기능적으로 구성하여 공간의 효율성을 높이기 위한 다양한 방법을 모색함.)

③ 진로탐색활동과 경험

정의	자신의 진로를 탐색하는 과정에서 이루어진 활동이나 경험 및 노력 정도
세부 평가내용	●자신의 관심 분야나 흥미와 관련한 다양한 활동에 참여하여 노력한 경험이 있는가? ●교과활동이나 창의적 체험활동에서 전공(계열)에 관심을 가지고 탐색한 경험이 있는가?

진로와 관련해 어떻게 활동해야 하는데

'전공탐색'이란 평가요소가 '진로탐색활동과 경험'으로 개념이 크게 확장됐다. 진로를 탐색하기 위해 직접 현장을 찾아가 경험할 수도 있다. 다양한 활동과 과제에 적극적으로 참여하여 꾸준하게 진로를 탐색하는 노력도 필요하다. 이렇듯 자기주도적으로 이루어진 진로탐색활동이나 경험, 노력을 대학은 의미 있게 평가한다.

학생들은 각 과목별로 발표, 토론, 주제탐구, 과제연구, 실험 등의 다양한 활동을 하게 된다. 이런 활동을 진로와 연결하여 관심 분야를 넓히는 노력도 바람직하게 여겨진다.

(생기부 기재예시: 제국주의간 충돌에 관한 관심을 심화하여 진로와 지리가 연계된 주제탐구보고서 '글로벌 개방성과 세계시장 통합'을 작성하고 발표함.)

진로를 변경했다고 염려할 필요가 없다. 변경된 진로에서 얼마나 충실하고 적극적인 활동을 했는가가 중요하다. 여러 분야의 진로탐색이 오히려 특색 있는 생기부를 만들 수 있는 기회가 될 수도 있다. 대학은 다양한 진로탐색활동을 통해 얼마나 균형 있게 성장했는지를 관심 있게 살펴본다.

학업역량에서와 마찬가지로 진로를 탐색하기 위해서 독서를 통해 다양한 영역의 지식과 문화적 소양을 쌓을 수 있다. 수행평가에서도 지원전공에 대한 주제탐구활동을 활발하게 할 수 있다. 이러한 전공에 대한 관심과 열정을 가지고 학생이 자기주도적으로 활동한 경험은 높이 평가된다. 이런 학생이 미래에 잠재력을 발휘할 것이라고 기대하기 때문이다.

(생기부 기재예시: 청년 일자리에 양극화가 발생한다는 기사에 주목하여 《청년 유인형 일자리》라는 도서를 참고하여 읽음. 탐구보고서에서 양극화를 해소하기 위해서는 중소기업에 R&D지원을 확대하고 혁신역량과 생산성을 제고하는 것이 중요한 해결 방법이라고 대안을 제시함.)

다음의 질문지는 학생이 학종에 관심을 가질 때 진로역량의 경쟁력을 가늠해 볼 수 있는 셀프질문지이다. 대학의 입장에서 이러한 기준으로 평가한다고 생각하고 스스로 질문을 던져본다면 본인의 경쟁력을 파악하고 준비하는데 도움이 될 것이다. 1, 2학년의 경우에는 이러한 질문에 맞게 활동하고 있는지 질문을 곱씹어 본다면 학종을 준비하는데 도움이 될 것이다.

〈진로역량 경쟁력 확인을 위한 질문지〉

①전공(계열) 관련 교과목을 선택하여 충실히 이수하려고 노력하는가?

②전공선택과목을 위계에 따라 선택하고 학습하는가?

③난이도나 수준이 높아 기피하는 과목을 자기주도적으로 선택하여 학습하는가?

④진로선택과목을 충실히 이수하고 깊이 있는 학습을 하고 있는가?

⑤학교에 개설되지 않은 과목을 개인적인 노력으로 이수하려 하는가?

⑥공통과목과 진로선택과목의 이수과목의 수는 적절한가?

⑦관련 분야의 교과에서 다양한 활동을 통해 시각을 넓히는가?

⑧독서활동을 통해 다양한 영역의 지식과 문화적 소양을 쌓는가?

⑨수행평가에서 지원 전공에 대한 주제탐구활동을 활발하게 하는가?

⑩창의적 체험활동을 통해 다양한 경험을 쌓고 성장하는가?

내신이 좋아도 교과전형에서 유리하지만은 않은 이유는

입시 결과를 살펴보면 특이한 내용을 찾아볼 수 있다. 동국대의 내신전형이 고려대와 비슷하게 1.4~1.7등급에서 형성되는 것이다. 이는 상위 10개 과목만 반영하기 때문이고, 교과전형에서 서류평가를 실시하고 교과 1~4등급의 차이를 매우 미미하게 가져가기 때문이다.

내신의 변별력 저하에 대한 대학의 대처를 보여주는 것이라고 볼 수 있다. 내신의 변별력이 하락하면 내신을 100% 반영하는 교과전형이 원래의 취지에서 변형되어 20~30%는 학종처럼 정성평가를 반영하는 형태로 평가되고 있다.

이처럼 학생부 종합전형 평가 기준으로 학생을 선발하는 것은 내신의 위력을 약화시키고 정성평가로 진행되는 서류평가에서 활동이 우수하다는 명분에 바탕을 두고 있다. 이 틈새에서 특목고와 자사고에 높은 점수를 부과하여 이들을 선호하는 대학들도 있다.

〈교과전형 서류평가 반영(2025학년도)〉

학생부 교과 반영방법						
동국대	등급	1등급	2등급	3등급	4등급	5등급
	점수	10점	9.99점	9.95점	9.9점	9.0점
건국대	등급	1등급	2등급	3등급	4등급	5등급
	점수	10	9.97	9.94	9.9	9.86

2022학년도부터 시작하여 동국대, 경희대, 건국대, 성균관대 등이, 2025학년도에는 한양대 등이 교과전형에서 10~20%의 서류평가를 반영하여 실시하고 있다.

등급간 점수차를 미미하게 가져가 교과는 '합불'에 영향력이 미치지 못하게 하는 대학도 있다. 점차로 내신의 영향력이 하락하는 상황에서 이런 식으로 교과전형을 시행하려는 대학의 의지를 읽을 수 있다.

이미 발 빠른 대학들은 2022학년도부터 교과전형에 10~30%의 서류를 반영시켜 종합전형처럼 정성평가로 선발하고 있다. 내신에서는 변별력을 낮추고 서류에서 합불이 결정되게 구성했다. 성균관대, 경희대, 건국대, 동국대 등이 이런 방식을 활용하고 있다.

교과전형의 변신

대학의 입장에서는 변별력이 약화되는 상황에서 자구책을 찾아 나선 것으로 볼 수 있다. 아직은 교과전형을 폐지한다든지 축소한다든지 교육당국의 입장에서 정리된 것은 없다. 하지만 대학에서는 변별력이 떨어지는 교과전형에 대해서 서류평가를 반영하는 식의 행보를 보이고 있다.

〈교과전형에 서류평가 반영대학(2025학년도)〉

대학명	전형방법(%)	수능최저
건국대	학생부교과70+교과정성30	없음
경희대	학생부교과·비교과70+교과종합평가30	국수영탐(2) 2개 합5, 한국사5 의치한:국수영탐(2) 3개 합4, 한국사5
고려대	학생부교과80+서류평가20	인문:국수영탐(2) 3개 합7, 한국사4 자연:국수영과(2) 3개 합7, 한국사4 의예:국수영과(2) 4개 합5, 한국사4
동국대	학생부교과70+서류평가30	없음
성균관대	학생부교과80+교과정성20	인문/자연: 국수영탐탐 3개 합7 글로벌리더,경영,경제, 소프트웨어:국수영탐탐 3개 합6
한양대	학생부교과90+교과정성평가10	인문/자연/상경:국수영사/과(1) 3개 합7

교과진형 평가에서는 대부분이 국어, 수학, 엉어, 사회, 과학 등, 주요 교과 위주의 성적을 반영한다. 이들 과목에서 일정 등급 이상의 경쟁력을 유지하는 것이

중요하다. 고려대, 성균관대는 주요 과목만이 아니라 전과목을 반영한다는 것도 꼭 유념해야 한다.

▶건국대의 KU지역균형전형은 서류를 30% 반영하여 평가하는데 학업역량과 진로역량을 반영한다. 학업역량에서는 학업성취도와 학업태도를 살펴보고, 진로역량에서는 전공과 관련된 교과이수 노력과 전공 관련 교과성취도를 평가한다.

▶경희대의 지역균형전형은 교과 70%+교과 종합평가 30%를 반영하여 시행한다. 교과 종합평가는 본인이 선택한 전공의 전공적합성, 선택과목 여부, 학교생활 성실도 등을 종합적으로 판단한다. 교과 성적이 우수해도 교과 종합평가에서 평가가 엇갈릴 수 있음을 주지해야 한다. 2025학년도 수능최저 반영 시 탐구영역 2과목 평균을 적용하여 전년도에 비해 소폭 강화되었다.

▶고려대의 학교추천전형은 학생부 교과 80%를 정량평가하여 반영하는데 전교과가 포함된다. 학생부 종합평가로 서류를 20% 반영하는데 교과성적을 뒤집기는 쉽지 않지만, 수능최저기준을 충족하면 합격 가능성이 높아질 것이다.

▶동국대의 학교장추천인재전형은 서류평가를 30% 반영하는데, 학교생활충실도(학업역량/전공적합성)을 80%, 인성 및 사회성을 20% 반영한다. 계열별 5개 교과를 반영하는데 석차등급 상위 10과목을 반영하므로 내신 차이는 미미하다고 볼 수 있다. 수능최저기준도 반영하지 않기에 결국 종합전형 평가방식과 동일한 서류평가 30%가 '합불'을 결정한다고 볼 수 있다.

▶성균관대의 학교장추천전형은 진로선택과목을 20% 반영하는데, 학업수월성(10점)과 학업충실성(10점)을 반영하며 정성평가를 진로선택 및 전문교과로 제한했던 것을 2025학년도부터는 공통과목과 일반선택과목 전과목으로 확대하였다.

교과전형에서 교과와 서류평가를 합산하여 선발하는 대학 중에 경희대, 고려대, 성균관대, 한양대가 수능최저학력기준을 적용하기에 수능의 경쟁력을 향상시키려는 노력 또한 중요하다.

A가 아니면 힘들 수 있는
진로선택과목

학생부 교과전형을 시행하는 전국 200개 대학 중 진로선택과목을 반영하는 대학은 145개 대학으로 대략 72% 정도다. 서울권 33개 대학 중에서는 16개 대학이 진로선택과목을 평가하여 반영한다.

서울의 주요 대학들은 반영교과에 해당하는 진로선택과목에 대해 성취도(A, B, C)에 따른 환산점수를 부여한다. 학생부 교과전형을 지원할 때 공통과목이나 일반선택과목에 비해 영향력은 작지만, 진로선택과목이 적지 않은 영향력을 발휘할 수 있다. 내신 성적을 환산해 보면서 대학별 유불리를 판단해 볼 필요가 있다.

진로선택과목은 공통과목이나 일반선택과목과는 달리 9등급으로 산출하지 않고 3단계 성취도로 평가된다. 절대평가이기에 일반선택과목에 비해서 영향력이 미미하다고 생각할 수도 있다. 하지만 반영방법에 따라 영향력이 다르기에 대학별 반영방법 차이를 꼼꼼히 살펴볼 필요가 있다.

반영방법이 합불을 가르기도

대체로 3과목 이하를 반영하는 대학이 많다. 성취도를 등급으로 변환하거나 환산점을 부여하는 경우가 대부분이다. 대부분의 대학이 성취도에 따른 환산점수를 부여하지만, 건국대, 동국대, 성균관대는 정성평가로 평가한다.

가톨릭대, 경기대 등은 성취도에 등급을 부여하여 반영한다. 가톨릭대의 경우처럼 A(1등급), B(2등급), C(3등급)로 각각의 성취도에 등급을 부여하는 식이다.

가천대의 경우 A(1등급), B(2등급), C(5등급)를 부여한다. C를 받으면 A나 B를 받은 학생과 격차가 크게 벌어진다. 세종대는 A=1등급, B=3등급, C=5등급을 반영하기에 B나 C를 받으면 A를 받은 학생과의 변별력이 떨어진다고 볼 수 있다.

성취도에 따른 환산점수를 부여하여 반영하는 대학들도 있다. 한양대는 A=100, B=99, C=98점으로 A와 C의 차이가 2점이다. 서울시립대는 A=100점, B=97점, C=90점으로 A와 C의 차이가 10점이나 벌어진다. 경희대도 성취도에 따

〈2025학년도 진로선택과목 반영방법〉

구분		3과목	전과목
성취도	가산점	서울여대, 전북대, 한경국립대, 항공대	
	등급변환	광운대, 단국대, 서울교대, 서울과기대, 성신여대, 숙명여대, 인하대	가천대, 강원대, 경기대, 명지대, 세종대, 숭실대, 한국외대, 한성대
	등급환산점	강남대, 경희대, 덕성여대, 상명대, 아주대, 전남대, 한양대	경인교대, 서울시립대, 연세대, 이화여대, 차의과대, 홍익대
	등급별분포활용		고려대, 서강대, 충남대, 충북대
정성평가			건국대, 성균관대, 동국대
미반영		경북대, 동덕여대, 삼육대, 서경대, 서울한영대, 서울기독대, 성공회대, 수원대, 안양대, 을지대, 인천대, 한국성서대 등	

라 점수로 환산하는데 A=100, B=50, C=0점을 부여한다. B를 받으면 상당히 불리하고 C는 지원을 접어야 할 수도 있다.

반영과목 수도 유심히 따져봐야 유불리를 판단할 수 있다. 성취도를 환산한 등급을 반영하는 국민대나 단국대는 전과목이 아닌 3과목만 반영한다. 성취도를 등급으로 변환하는 숭실대와 한국외내는 전과목을 반영하고, 등급 환산점을 부여하는 연세대와 중앙대 그리고 서울시립대는 전과목을 반영한다.

진로선택과목의 성적 산출이 지필형일 수도 있고 수행형일 수도 있다. 어떤 형태의 시험이든 최선을 다하여 A를 받지 못하면 불리할 수 있다는 것을 명심해야 한다.

반영비율도 고려해야

반영비율도 영향을 끼칠 수 있기에 참고해야 한다. 서울시립대나 중앙대 등은 10%를 반영한다. 국민대는 15%를 반영하고 경희대, 성균관대, 연세대, 이화여대는 20%를 반영한다. 건국대는 가장 비율이 높은 30%를 반영한다.

〈2025학년도 진로선택과목 반영대학과 반영비율〉

반영비율	반영대학
10%	강남대, 덕성여대, 서울시립대, 중앙대, 홍익대
15%	국민대
20%	경희대, 성균관대, 상명대, 세종대, 숭실대, 연세대(서울), 이화여대
30%	건국대

진로선택과목의 평가가 대학마다 달라 학생들이 혼란스러워할 수 있다. 건국대, 동국대, 성균관대처럼 정성평가를 하는 것과 달리 정량평가를 하는 경우가 대부분이다. 따라서 전공과 연계된 과목 중에 가장 높은 성취도를 얻은 과목을 선택하는 것이 유리하다.

일반선택과목에서 1등급을 얻기가 어려울 수 있다. 하지만 전공선택과목에서는 분포비율이 적어도 30~40% 정도 되기에 성취도 A는 수월할 수 있다. 합격자의 상당수가 성취도가 A일 가능성이 높은 만큼 미세한 차이가 '합불'을 결정할 수 있다. 성취도 A를 취득해야 촘촘히 몰리는 경쟁에서 A를 얻지 못하면 힘들 수 있다는 각오로 대처해야 한다.

서류형과 면접형, 유리함의 기준은

대학들은 학종전형에서 서류형과 면접형으로 분리하여 선발하려 한다. 이렇게 이원화하여 선발하려는 이유는 다양한 학생들의 능력을 폭넓게 평가할 수 있기 때문이다.

면접형은 학생의 의사소통능력이나 문제해결능력 등을 직접 파악할 수 있다. 그렇기에 내신이 약간 부족하지만, 소통능력에 자신이 있는 학생들이 내신의 불리함을 면접을 통해서 만회할 수 있다.

모집단위별로 차이가 있지만, 면접을 통해서 30~40%의 학생들이 역전에 성공하기도 한다. 그렇기에 통상적으로 서류형에 비해 입시 결과가 0.5~1등급 정도 낮게 형성되는 경우가 많다.

자신의 면접역량을 본인이 잘 파악하기는 쉽지 않다. 선생님과 상의하면서 면접전형의 가능성을 확인할 필요가 있다. 면접역량이 우수하다고 판단되면 준비를 충분히 하고 지원하는 것이 좋다. 면접형은 생기부를 기반으로 질문이 추가적으로 이어지기에 관심을 가지고 활동하거나 깊이 있게 공부해 온 내용을 중심으로 답변 준비를 할 필요가 있다.

생기부에 기재되어 있는 참여한 활동, 탐구활동의 의미나 성취에 대해 구체적이고 간결하게 자신의 생각을 전달하는 연습이 필요하다. 면접에 자신이 없는 학생들은 100% 서류를 통해 '합불'을 결정하는 서류형에 관심을 갖는 것이 좋다.

서류형은 다른 평가요소의 반영 없이 100% 서류만을 통한 일괄합산 전형으로 진로탐색활동과 경험, 탐구력과 학업성취 등 진로역량과 학업역량을 확인한다.

서류형은 입시에 대한 부담이 감소하기에 면접형에 비해 내신성적이 우수하거나 진로관련활동이 우수한 학생들이 지원하는 경향이 있다. 진로 관련 교과의 심화학습이나 탐구활동의 경쟁력을 확인하고 지원하는 것이 필수적이다.

학생의 입장에서는 두 전형을 다른 전형으로 볼 필요가 없다. 서류형과 면접형을 서로 보완적인 관계로 인식하는 것이 좋다. 각각의 전형이 가지는 장단점을 잘 이해하고 자신에게 어떤 전형이 유리한지 파악하고 지원전략을 세워야 가능성이 높아진다.

서류형의 경우에는 수능에서 높은 점수가 나오더라도 수시에서 합격을 하면 정시에 지원할 수가 없다. 면접형의 경우, 수능 전에 면접을 본 후 합격할 때는 수능이 좋더라도 합격을 취소할 수가 없어 '수시납치'되는 경우가 일어날 수 있다는 점을 유의해야 한다.

▶단국대의 면접형은 모집인원이 절반으로 줄어 108명을 선발하고 서류형의 인원이 2배가 증가한 226명을 선발한다.

▶서울여대도 서류형에서 대폭 줄여 194명을 선발하고, 그 인원을 면접형에서 선발한다.

▶서울시립대는 서류형 인원이 80명에서 185명으로 대폭 증가되었다.

두 전형 모두 중복지원이 가능하고 서울시립대 서류형, 한양대의 추천형을 제외하고는 수능최저학력기준도 적용되지 않는다.

〈면접형–서류형 이원화 대학(2025학년도)〉 ①

대학명	전형명	모집인원	전형방법
광운대	광운참빛인재Ⅱ (서류형)	163	서류100%
	광운참빛인재Ⅰ (면접형)	330	1단계(3배수):서류100/2단계:1단계70+면접30
명지대 (서울)	명지인재 서류	252	서류100%
	명지인재 면접	377	1단계(4배수):서류100/2단계:1단계70+면접30
서울여대	바롬인재 서류	194	서류100%
	바롬인재 면접	207	1단계(5배수):서류100/2단계:1단계50+면접50

대학명	전형명	모집인원	전형방법
성신여대	학교생활우수자	226	서류100%
	자기주도인재	395	1단계(3배수):서류100/2단계:1단계70+면접30
단국대	DK인재-서류형	226	서류100%
	DK인재-면접형	108	1단계(4배수):서류100/2단계:1단계70+면접30
세종대	창의인재(서류형)	150	서류100%
	창의인재(면접형)	310	1단계(4배수):서류100/2단계:1단계70+면접30
국민대	학교생활우수자	398	서류100%
	국민프런티어	493	1단계(3배수):서류100/2단계:1단계70+면접30

서류형과 면접형은 평가요소별 반영비율이 전형별로 차이가 있다. 모집단위에서 요구하는 인재상이 다를 수 있기 때문이다. 그렇기에 자신의 강점에 맞게 인재상에 맞는 전형에 지원하는 것이 현명한 방법이 될 수 있다.

〈면접형-서류형 이원화 대학(2025학년도)〉 ②

대학명	전형명	모집인원	전형방법
서울시립대	학생부종합Ⅱ	185	서류100%
	학생부종합Ⅰ	369	1단계(3배수):서류100/2단계:1단계60+면접40
중앙대	CAU탐구형인재	457	1단계(3.5배수):서류100/2단계:1단계70+면접30
	CAU융합형인재	457	서류100%
한국외국어대	학생부종합(서류형)	235	서류100%
	학생부종합(면접형)	213	1단계(3배수):서류100/2단계:1단계50+면접50

전형을 이원화하는 목적을 구체적으로 드러내는 대학들도 주시할 필요가 있다. 모집단위에서 요구하는 인재상을 살펴보고 평가요소별 반영비율을 파악한 후 지원 여부를 결정할 필요가 있다.

▶서울시립대는 모집단위별 인재상을 요강을 통해 명시하고 있다. 본인이 희망하는 모집단위에서 요구하는 인재상을 살펴본 후 지원전략을 세울 필요가 있다. 서류형에서는 전공과 관련된 잠재역량의 반영비율이 50%로 높다. 서류형에서는 인문계 모집단위의 국제관계학과, 경영학부, 도시사회학과 3개 학과에서만 105명이 증가한 185명을 모집한다. 입시 결과가 일반학과보다 낮게 형성되는 경향이 있는데 특목고와 자사고 학생들이 선호하는 학과라는 것을 유념해야 한다.

▶중앙대는 면접형이었던 CAU융합형인재가 서류 100%로 변화되었다. 하지만 서류형이었던 CAU탐구형인재가 단계별 전형으로 면접이 도입되었다. 2단계에서 면접 30%를 반영해 선발한다. 중앙대는 서류형의 내신이 낮게 형성되는데 1등급 이상 차이가 나는 학과도 있다. 특목고나 자사고의 내신이 낮지만, 특정 모집학과에 경쟁력 있는 학생들이 선호하기 때문으로 분석된다. 이러한 점을 유의하고 신중하게 판단하여 지원할 필요가 있다.

제 2 장

주목받는
'논술전형'

수학의 경쟁력만으로
수리논술 뚫기

논술 선발인원은 수시전형에서 제일 적은 3.3%에 불과하다. 그렇기에 많은 시간을 논술에 투자하는 것이 부담된다고 판단하여 관심을 기울이지 않는 학생들이 많다. 하지만 상위 15개 대학을 기준으로 하면 10.3% 정도가 된다.

5개 학기 동안 획득한 내신으로 선발하는 교과전형이 13.1%라는 것을 생각하면 논술로 선발하는 인원이 적은 비율이 아니다. 더욱이 수능이 만족스럽지 못해 정시가 힘들 수 있고 교과나 학종의 경쟁력이 미흡하다면 논술전형을 적극 고려해 볼 수 있다.

2025학년도에 논술전형을 실시하는 대학은 38개교 총 11,178명이다.

고려대가 논술을 실시하는데, 4개 영역 등급 합8을 요구하고, 경영대학은 4개 영역 합5로 기준이 매우 높은 편이다.

수능에서 4개 영역 전부 고르게 나오는 것이 기대만큼 쉽지는 않다. 하지만 강점이 있는 수학을 포함하여 다른 1~2개 영역에서만 높은 수능 등급을 받으면 수능최저기준도 충족할 수 있는 희망적인 상황으로 바뀔 수 있다.

논술에서 수능최저학력기준을 충족하는 학생들이 20% 수준을 넘지 못한다. 논술의 경쟁률이 평균 50:1~80:1로 폭발적이지만 수능최저기준을 충족하면 실질경쟁률은 10:1~15:1로 낮아진다. 수능최저기준만 충족하면 합격 가능성이 높아진다.

자연계 학생 중에 다른 영역보다도 수학의 경쟁력이 높은 학생들이 있다. 다른 영역은 3~4등급이 나오지만, 수학만은 1~3등급 초반을 유지하는 학생들은 수리논술에 적합한 학생들이다.

〈수리만 보는 자연계 논술에서 수능최저 미반영대학〉

한양대, 서울시립대, 인하대(자연), 아주대(자연), 가톨릭대(자연), 광운대, 단국대(죽전), 서울과기대, 서경대, 연세대, 한국기술교육대, 한국공학대 수학의 경쟁력은 우수하지만, 수능최저기준이 부담스러울 수 있다. 2025학년도 자연계 논술에서 수능최저학력기준을 반영하지 않는 대학이 12개 대학인데 수학의 경쟁력으로 '합불'이 결정된다. 수학의 경쟁력에 자신 있는 학생들이 적극 관심을 가져야 한다.

연세대는 수능최저기준은 없고 2025학년도부터는 과학논술을 폐지하고 수리논술만을 실시한다. 중앙대는 수리논술만 치루지만, 수능최저기준을 부과한다. 수원대와 한신대는 국어와 수학을 부과하는데 수능최저기준은 없다.

앞의 표에 있는 12개 대학은 수리논술만 치루고 수능최저기준도 반영하지 않는다. 수능 수학과 논술은 상관관계가 높게 나타난다. 수능 수학의 고난도 문제에 집중하다 보면 수능 준비도 되고 논술도 대비할 수 있다. 수능 수학과 수리논술을 병행하면 합격의 가능성이 높아진다는 점을 명심해야 한다.

〈수리논술만 보는 대학의 논술고사 시간과 출제범위〉

구분	대학(고사시간)			
	80분	90분	100분	120분
수학, 수학Ⅰ, 수학Ⅱ	서경대, 한국공학대, 한국기술교대(공학)	가톨릭대 (자연), 한국외대		
미적분			경북대(자연계Ⅱ), 부산대(유형1), 숭실대	단국대(죽전), 세종대, 아주대(자연), 연세대(미래), 인하대(의예)
기하			부산대(유형2)	
미적분, 기하				중앙대
확률과 통계, 미적분		덕성여대	건국대, 가톨릭대(의대), 서울과학기술대	광운대

구분	대학(고사시간)			
	80분	90분	100분	120분
확률과 통계, 미적분, 기하		동국대, 고려대 자연계Ⅱ (세종-약학), 한양대	서강대, 성균관대, 이화여대	서울시립대, 연세대(미-의)

중앙대가 과학논술을 실시하지 않는 등 수리논술만 실시하는 대학이 늘어나고 있다. 한국외대는 수학Ⅱ까지만 논술 범위에 포함된다. 확률과 통계, 미적분, 기하를 모두 포함하는 대학은 서강대, 성균관대, 한양대, 이화여대, 서울시립대 등이다.

이처럼 논술전형에 관심을 가질 때는 대학별 유형과 난이도, 출제 범위 등을 고려해 치밀하게 준비할 필요가 있다. 기출문제를 살펴보면 대학마다 문제의 유형에 일관성이 있다는 것을 확인할 수 있다. 문항별로 소문항이 있는 경우도 많다.

수리논술은 수능과는 달리 풀이 과정을 논리적으로 서술하는 주관식에 가깝고 난이도가 높다. 수리적 개념에 대한 통합적 이해 정도를 파악하고 관련된 문제 해결력 및 수학적 사고력을 보여주어야 한다.

〈수리논술만 보는 대학의 수능최저학력기준 반영대학(2025학년도)〉

최저기준	수리논술만 보는 대학
4개 영역 합5	중앙대(서울-의학부/약학부)
4개 영역 합6	아주대(의학), 이화여대(약학)
4개 영역 합8	고려대
3개 영역 합3	연세대(미래, 의예), 인하대(의예과)
3개 영역 합4	가톨릭대(의예), 동국대(약대), 경북대(의예/치의예), 부산대(의예/약학), 성균관대(의예)
3개 영역 합5	가톨릭대(약학), 경북대(수의, 약학), 고려대(세종-약학), 성균관대(약학/소프트웨어/반도체시스템/글로벌바이오메디컬)

최저기준	수리논술만 보는 대학
3개 영역 합6	성균관대, 중앙대
3개 영역 합7	서강대, 가톨릭대(간호)
2개 영역 합3	경북대(모바일공학전공)
2개 영역 합5	건국대(서울-수의예과 제외), 경북대(간호학, 글로벌소프트웨어융합, 수학교육), 동국대(서울-약학부 제외), 부산대(의예, 약학부 제외), 숭실대, 연세대(미래-간호), 이화여대(약학전공 제외), 중앙대(안성)
2개 영역 합6	경북대(의예, 치의예, 수의예, 간호, 모바일공학, 글로벌소프트웨어융합, 수학교육 제외)
2개 영역 합7	덕성여대, 연세대(미래-의예, 간호제외)

수리논술로 진학하려고 수학을 꾸준히 공부했던 학생들은 수학 2~3등급을 얻는 것이 불가능하지는 않을 것이다. 영어를 비롯하여 강점이 있는 다른 영역에서 2~3등급만 얻어 2개 합 5등급이 되면 건국대, 숙명여대, 이화여대의 수능최저기준은 충분히 충족할 수 있다.

정시에서 수능으로 합격하기 힘든 대학을 논술로 합격한다면 성공적인 입시가 될 것이다. 하지만 이러한 성과는 우연히 일어나지 않는다. 철저히 논술 준비를 한 학생에게만 합격으로 보상받는다는 점을 인식해야 한다.

수능 수학은 답만 맞으면 되지만 수리논술은 풀이 과정을 중시한다. 대학에서 '해설과 채점기준표'를 제시해 준다. 풀이 과정의 완성도에 따라 배점이 다르게 부여되기에 채점기준표를 살펴보며 이를 기준으로 풀어나가는 연습이 중요하다.

수리논술은 풀이 과정을 논리적으로 설명할 수 있는 서술 능력을 평가한다. 부분 점수가 있기에 문제가 어려워 보인다고 포기할 필요가 없다. 가능한 범위까지 답안을 기술하면 점수를 획득할 수 있다는 자신감으로 대처할 필요가 있다.

수능 국어와 병행하는 인문논술

　내신 성적이 우수하고 또한 수능도 우수한 학생들이 논술에 강한 면모를 드러낸다. 내신과 수능에 최선을 다하는 학생들이 논술에 강점이 있다는 말이다. 그렇기에 논술에 관심이 있다고 논술공부에만 집중하고 수능과 내신 관리에 소홀히 하는 것은 바람직하지 않다.

　2025학년도에는 고려대와 상명대 등이 논술을 신설한다. 동덕여대에서 모집인원이 21명 증가했고, 서강대 4명, 연세대 5명 그리고 한신대는 72명을 증원한다. 논술을 실시하는 대학은 서울지역이 26개 대학으로 가장 많고, 경기·인천은 14개 대학에서 논술전형을 실시한다.

　2024학년도 입시에서는 인문논술을 실시하고 있던 대학 중에 수능최저기준을 완화한 대학들이 많다. 성균관대, 서강대, 건국대, 동국대, 홍익대 등이 인문계 학생들의 부담을 덜어주기 위해 1등급 정도 수능최저기준을 완화했다.

　이러한 기조는 2025학년도에 그대로 유지되기에 수능최저기준 충족이 힘든 학생들에게 좋은 기회가 될 수 있다. 내신의 부담도 크게 줄어들었다. 서울의 중상위권 이상 대학에서 내신 반영비율이 극히 낮아졌거나 없어져 내신의 걸림돌이 사라졌다. 이화여대와 경희대도 2024년부터 내신의 영향력을 완전 배제하여 논술 100%로 선발한다.

　인문논술은 제시문 내용을 파악하는 독해력이 기본적이고 필수적이다. 언어논술은 비문학지문이든, 문학지문이든 언어로만 되어 있는 제시문을 이용한다. 그렇기에 지문을 이해하고 해석하는 능력이 뛰어난 학생들은 도전할 수 있다.

　수능 3~4등급이면 수도권으로 추천을 받는 경우가 많다. 하지만 수학과 국어가 강하면 인문계의 경우 인서울의 '광운대, 명지대, 상명대, 가톨릭대'나 상향으로 '국민대, 숭실대, 세종대, 단국대'로 논술전형을 지원해 보면 간간이 합격자가 나오기도 한다.

〈논술 유형별 분류〉

구 분	대 학 명
언어논술 (인문사회통합형)	가톨릭대, 경기대, 경희대(인문/체육), 고려대(세종), 광운대, 덕성여대, 동국대, 세종대, 숙명여대, 숭실대(인문), 아주대, 이화여대(인문Ⅰ), 중앙대(인문사회), 한국기술교대, 한국외대(인문), 한국항공대(경영), 한양대(서울/인문), 홍익대
언어논술+통계도표분석	건국대(인문사회Ⅰ), 광운대, 경북대, 단국대(죽전), 서강대, 서울여대, 성균관대, 인하대, 한국외대(사회계열)
언어논술+수리논술	경희대(사회), 숭실대(경상), 연세대(서울/미래), 이화여대(인문Ⅱ), 중앙대(경영경제), 한국항공대(이학), 한양대(상경)
국어+수학	가천대, 수원대, 한신대
수리논술	한국공학대(경영)
영어제시문	연세대, 이화여대(인문Ⅰ), 한국외대(인문)

인문논술은 유형이 다양하기에 출제유형을 파악하여 자신이 어떤 유형에 적합한지를 확인할 필요가 있다.

가톨릭대, 경희대, 한양대는 인문사회통합형 언어논술을 실시한다. 제시문에 드러나는 두 개 이상의 서로 다른 관점을 이해하고 비교할 수 있는 능력을 요구한다. 또한 지문에 드러난 하나의 관점을 바탕으로 다른 제시문을 해석하기나 비판하는 유형의 문제도 언어논술의 한 유형이다.

언어논술 이외에 도표나 통계를 활용하여 분석을 요구하는 대학들도 있다. 통계도표분석논술의 혼합형을 실시하는 대학은 건국대, 서강대, 성균관대, 인하대, 한국외대 등이 대표적이다.

언어논술과 수리논술의 혼합형이 여러 대학에서 출제된다. 언어논술에 수리논술을 추가하는 유형은 주로 사회계열이나 경상계열에서 실시된다. 경희대(사회), 숭실대(경상), 연세대, 중앙대(경영경제) 등이 해당되는데, 수리논술이 '합불'에 큰 영향을 끼친다.

국어와 수학 문제 유형도 있는데 가천대, 수원대, 한신대는 국어와 수학이 결합된 논술을 실시한다. 소위 약술형 논술로 불리는데 가천대의 경우 국어 9문제, 수학 6문제가 출제된다. 수능특강의 유형과 수준을 참조하여 적절한 수준의 난이도로 출제되기에 수능 준비가 논술 준비로 이어질 수 있다.

영어제시문이 추가되는 논술유형도 있고, 수리논술에 이르기까지 다양한 유형의 논술이 있다. 한국공학대는 자연계와 똑같이 수리논술을 실시하고, 연세대, 이화여대(인문I), 한국외대는 영어제시문을 반영한다.

〈수능최저학력기준을 반영하지 않는 대학(2025학년도)〉

가톨릭(의예, 약학, 간호 제외), 경기대, 광운대, 단국대(죽전), 상명대, 서울과학기술대, 서울시립대, 수원대, 아주대(의학, 약학 제외), 연세대(서울), 인하대(의예 제외), 한국공학대, 한국기술교육대, 한신대, 한양대(서울)

연세대와 한양대는 수능최저를 반영하지 않으며, 이외에 수능최저를 반영하지 않는 대학이 13개 대학 정도된다. 수능 경쟁력이 낮거나 학종에 자신이 없는 학생들은 좋은 기회로 생각할 수 있다.

〈수능최저학력기준 적용(2025학년도)〉

최저기준	대 학 명
4개 영역 합5	고려대(경영대학)
4개 영역 합8	고려대(경영대학 제외)
3개 영역 합4	경희대(한의예-인문)
3개 영역 합5	성균관대(글로벌경영/글로벌경제/글로벌리더), 이화여대(스트랜튼학부)
3개 영역 합6	이화여대(스트랜튼학부 제외), 중앙대, 성균관대
3개 영역 합7	서강대, 부산대(경영)
3개 영역 합8	홍익대
2개 영역 합3	한국외대(LD/LT학부)

최저기준	대 학 명
2개 영역 합4	동국대(경찰행정), 부산대(경영 외), 한국외대(서울)
2개 영역 합5	세종대, 숙명여대, 건국대, 경희대, 동국대(인문/AI소프트웨어융합), 숭실대, 연세대(미래-간호), 경북대(경상/사범/간호/행정/자율전공)
2개 영역 합6	한국항공대(경영), 고려대(세종), 경북대(인문/사회과학)
2개 영역 합7	덕성여대, 동덕여대, 성신여대, 연세대(미래)
1개 3등급	가천대, 경희대(체육), 서울여대, 한국외대(글로벌)

인문논술은 서로 다른 제시문의 주제를 파악하여 서로 비교할 수 있는 능력이 핵심이다. 이를 기반으로 제시문의 내용과 관점을 토대로 논제가 요구하는 답안을 작성해야 한다.

이러한 역량을 단기간에 향상시키기는 힘들고 능력을 기르기 위해 꾸준한 훈련이 필요하다. 대부분의 논술 시험은 대략 100분 이상이기에 한 번 학습할 때에 1~2시간 이상 꾸준하게 연습하는 것이 효과적이다.

대부분의 대학들은 4~6월 경에 모의논술을 실시한다. 실제 논술고사 출제진이 출제하므로 논술의 출제 방향을 파악할 수 있다. 이외에도 모의논술의 출제 경향과 채점 결과, 논술 답안 및 해설 영상을 확인하여 출제 경향과 채점의 기준 등을 파악하는 것도 논술 대비에 도움이 된다.

대학에서 제공하는 논술가이드북이나 논술안내서 등의 자료를 참조해서 준비를 하는 것도 도움이 될 수 있다. 대학에서 발표하는 선행학습 영향평가보고서는 논제의 출제의도, 예시답안까지 실려 있어 좋은 정보가 될 수 있다.

제 3 장

혼란스런 입시 환경을 뚫는 방법

약대 지원, 진심의 선택
의대가 아니어도 꿈은 크다

2025학년도 약대의 특징 중의 하나가 수능 필수 과목을 폐지하여 수능 선택과목의 제한 없이 약대를 지원할 수 있다는 점이다. 연세대나 성균관대 등에서는 확률과 통계, 사회탐구를 응시한 학생도 약대에 지원할 수 있다.

하지만 수학과 과탐에 가산점을 부여하고 상위권 학생이 선택한 선택과목의 점수가 높아질 수밖에 없는 수능의 구조 때문에 약대의 지원은 여전히 쉽지 않을 것으로 예상된다.

약대에 학생들의 관심이 높아진 것은 2022학년도부터 37개 대학이 모두 6년제로 전환되어 학생들을 모집한 후부터이다.

2025학년도 약대 정원은 1,750명인데 37개 약대 중 서울에는 9개 약대가 있다. 지방소재 약대는 가천대, 가톨릭대, 고려대(세종), 단국대(천안), 동국대(일산), 연세대(송도), 한양대(ERICA) 등 28개 약대가 있다.

〈2025학년도 약대 선발비율〉

전형구분		인원	비율	수시 합계	비율	정시 합계	비율	합계
수시	학생부교과	518	50.5%	1,026	58.6%	724	41.4%	1,750
	학생부종합	418	40.7%					
	논술	90	8.8%					

약대는 수시와 정시의 비중이 58.6 : 41.4로 나타난다. 수시에서는 교과전형으로 518명, 학생부 종합전형으로 418명을 선발한다. 학생부 종합전형은 37개 대학 중 29개 대학에서 실시된다. 학종으로 모집하는 418명 중 일반전형이 364명, 지역인재전형이 54명이다.

학종에서 대부분 대학이 서류와 면접을 기반으로 평가하는데, 성균관대, 중앙대(CAU융합형), 충북대, 한양대(ERICA) 등은 면접 없이 서류 100%로 선발한다. 약대 수시에서 합격을 결정하는 요인은 수능최저기준이라고 할 수 있다. 학종에서 수능최저학력기준은 12개 대학 14개 전형에서 적용되지 않는데, 그 인원이 186명에 이른다.

〈학생부 종합전형 수능최저 미반영대학(2025학년도)〉

대학	전형명	모집인원	전형방법
경희대	네오르네상스	10	1단계(3배수):서류100/2단계:1단계70+면접30
덕성여대	덕성인재전형Ⅱ	20	서류100%
동국대(바이오메디)	Do Dream	11	1단계(4배수):서류100/2단계:1단계70+면접30
서울대	일반전형	29	1단계(2배수):서류100/2단계:1단계50+구술·면접30
성균관대	탐구형	30	서류100%
숙명여대	숙명인재-면접형	20	1단계(3배수):서류100/2단계:1단계60+면접40
한양대(ERICA)	일반	12	학생부 종합평가
강원대	미래인재Ⅱ	9	1단계(3배수):서류100/2단계:1단계60+면접40
충북대	종합Ⅰ 의약	3	서류100%
	종합Ⅰ 제약	3	서류100%

서울의 9개 약학대학에서 640명을 모집하는데 전국 약대의 1/3 정도의 인원이다. 약대 중 4개 여대인 덕성여대, 동덕여대, 숙명여대, 이화여대에서 전체 모집인원의 18% 정도인 321명을 선발한다.

의치한이 힘드니 입시 결과 순서대로 약대를 지원한다고 생각할 수 있는데 이것은 약대 입시의 원리를 모르는 생각이다. 내신컷이 오히려 의대보다 높은 약대들이 있다. 의치한이 안 되면 약대를 간다는 생각은 반드시 옳지는 않다.

이화여대는 수능최저기준이 '4합5'라 2등급도 합격하기도 하지만 다른 여대들은 '2합4', '3합6'으로 낮게 설정했기에 1.1은 되어야 합격이 가능하다. 또한 입학시부터 의대보다 약대를 진로로 잡아둔 학생들이 있다. 물리를 싫어하거나 부모님이 약사이기에 약대만 고집하는 학생들도 있다.

4개 여대 모두가 서울에 소재하고 있는데 최상위권 여학생의 약대 선호도가 높고, 지원을 고려하는 여학생들은 남학생보다 선택의 폭이 넓기에 선호도가 매우 높다. 4개 여대 약대의 존재가 약대 입시에 끼치는 영향이 적지 않기에 이를 고려한 지원전략이 필수적이다.

약대도 의대처럼 수능최저학력기준이 상당히 높은 편이다. 수능최저기준을 반영하지 않는 학종만 준비하기 보다는 정시까지 준비한다는 생각으로 수능을 철저히 준비하는 것이 좋다. 이러한 대비가 수시에서 수능최저기준을 충족하면 합격 가능성이 크게 높아지기 때문이다.

〈학생부 종합전형 수능최저 반영대학(2025학년도)〉

대학	전형명	모집인원	전형방법	수능최저학력기준
가천대	가천의약학	12	1단계(5배수):서류100 2단계:1단계50+면접50	국,수(미/가),영,과(2) 중 3개 합5
가톨릭대	학교장추천 (고교별 1명)	8	1단계(4배수):서류100 2단계:1단계70+면접30	국,수(미/가),영,과(1) 중 3개 합5
고려대 (세종)	일반	4	1단계(5배수):서류100 2단계:1단계70+면접30	국,수(미/가),영,과(2) 중 3개 합5
단국대 (천안)	DKU인재 -면접	8	1단계(3배수):서류100 2단계:1단계70+면접30	국,수(미/가),영,과(2) 중 수학포함 3개 합6

대학	전형명	모집인원	전형방법	수능최저학력기준
동덕여대	동덕창의리더	8	1단계(3배수):서류100 2단계:1단계40+면접60	국,수(미/가),과(1) 3개 합6
서울대	지역균형	11	1단계(3배수):서류100 2단계:1단계70+면접30	국,수(미/가),영,과(2) 중 3개 합7(과Ⅱ필수)
아주대	아주ACE	15	1단계(3배수):서류100 2단계:1단계70+면접30	국,수,영,탐(2) 중 3개 합5
연세대	활동우수형	7	1단계(4배수):서류100 2단계:1단계60+면접40	국,수(미/가),과(2) 중 1등급 2개(국,수 중 1개 포함 필수) 영3 이내
이화여대	미래인재	16	서류평가100	국,수,영,탐(1) 중 4개 합6

약대를 지원할 때는 수능최저기준 외에도 여러 요인을 고려해야 한다. 이화여대가 논술전형으로 5명을 선발한다. 연세대도 5명을 선발하는데 수능최저기준을 반영하지 않는다. 중앙대가 논술로 가장 많은 인원인 26명을 선발한다.

학종으로 선발하는 37개 대학 중 수능최저를 반영하지 않는 12개대 외에 204명을 수능최저기준을 활용하여 선발한다. 수능최저기준은 합격에 영향을 끼치는데, '3합7'이나 '3합8' 수준은 영향력이 크지 않다고 볼 수 있다.

하지만 아주대처럼 4개 합7에서 3개 합5로 하향하거나, 이화여대처럼 4개 합5에서 4개 합6으로 상향한 경우 이러한 변화가 끼칠 영향력을 가늠하고 신중하게 지원해야 한다.

불리한 내신을 극복하고
수시전형으로 합격하는 방법

내신이 다소 낮아 수시에서 합격 가능성이 있을까 고민하는 학생들이 있다. 이런 경우 조금이라도 내신이 낮게 형성되는 대학을 노려보는 것이 수순이다.

대학의 전형을 꼼꼼히 따져보면 부족해 보이는 내신을 극복하고 합격 가능성을 높일 수 있는 대학들을 찾을 수 있다.

면접전형을 노려라

학종에서 면접과 서류로 분리하여 선발하는 대학들이 대안이 될 수 있다. 면접형은 1단계에서 3~5배수를 선발한 후 2단계에서 면접을 30~50% 반영한다. 서류형은 100% 서류전형으로 합불을 결정짓는다.

일반적으로 면접전형이 서류형보다 0.5~1등급 낮게 형성되는 경향이 있다. 면접으로 역량을 드러내어 부족한 내신을 뒤집는 경우이다.

실제 면접으로 30~50%의 학생들이 뒤집기를 실현하고 있다. ▶국민대 ▶단국대 ▶덕성여대 ▶명지대 ▶서울여대 ▶성신여대 ▶숙명여대 ▶한국외대 ▶광운대 등의 대학들이 분리하여 선발한다. 단국대가 2025학년도에 서류형의 모집인원을 2배로 늘려 226명을 선발한다.

대학들이 분리해서 선발하는 이유는 지원율을 높이려 하거나, 내신이 부족해도 역량이 높은 학생들을 선발하려는 의도만 있는 것이 아니다. 서류를 통하여 비일반고 학생을 선발하려는 의도도 엿볼 수 있다.

▶중앙대가 CAU탐구형전형에서 특정 전형요소의 반영비율을 높여 비일반고 학생의 지원을 유도하고 있다. 2025학년도에서는 탐구형이 면접이 시행되는데 2024학년도보다 내신이 낮게 형성될 가능성이 높아졌다.

▶서울시립대는 비일반고 학생들이 선호할만한 일부 인기학과 위주로 서류형으로 선발한다. 이처럼 몇몇 대학은 서류형을 통하여 특목고나 자사고 학생들을 선발하

려는 의도를 드러내고 있다. 그렇기에 모집학과나 입시 결과의 하단을 살펴보고 신중하게 판단하여 지원해야 한다.

교과전형에서 상위 일부 교과만 반영하는 대학을 공략하라

일반적으로 내신을 반영할 때 상위권 대학은 전교과를 반영한다. 그렇지 않은 대학들은 인문계열은 국어, 영어, 수학, 사회 자연계열은 국어, 영어, 수학, 과학의 교과에 속한 전과목을 반영한다. 하지만 교과전형에서 상위 일부 교과만 반영하는 대학들이 상당수 있다.

주요 교과의 전과목 성적이 골고루 우수하지는 않지만, 일부 과목에서 성적이 높게 나오는 학생들이 있다. 몇몇 대학은 상위 일부 과목만 반영하여 내신을 평가하기에 불리한 내신을 어느 정도 상쇄할 수 있다.

▶가천대는 학기별로 우수한 4개 학기만 반영한다. 가장 우수한 학기를 40% 반영하고 나머지 우수한 순으로 30:20:10의 비율로 반영하기에 불리함을 극복할 수 있다. ▶서울여대 ▶덕성여대도 교과별 상위 일부 과목만 반영한다.

▶덕성여대는 국어, 영어, 수학, 사회/과학의 상위 3개 교과의 상위 4개 과목씩 총12과목을, ▶서울여대는 국어, 영어, 수학, 사회/과학 중 4개 교과별 상위 3과목씩 총12과목을 반영한다.

전체 교과를 반영하는 경우 내신이 낮을 수 있다. 하지만 일부 교과의 일부 과목을 반영하면 내신이 높게 형성되어 유리해지는 경우가 있다. 전년도 입시 결과를 참조하고 가능성을 노려봐야 한다. 물론 면접이나 수능최저기준을 부과하는지 확인하고 유불리를 가늠해야 한다.

교과전형의 서류평가를 노려라

교과전형은 통상적으로 100% 내신으로만 전형한다. 하지만 20~30% 정도 서류평가를 반영하는 대학들이 있다. 비교과의 경쟁력을 의미 있게 평가하겠다는 의도이다. 그렇기에 이런 대학들에 관심을 갖는 것이 낮은 내신을 극복할 수 있는 방법이 될 수 있다.

▶건국대가 교과전형에서 서류평가를 30% 반영하고 ▶경희대는 교과 종합평가로 30%를 반영한다. 그리고 ▶성균관대도 교과전형에서 정성평가를 20% 반영한다. 성균관대와 경희대는 수능최저기준을 부과하나 건국대는 반영하지 않는다. 이런 대학들은 내신 등급간 점수 차이를 최대한 적게 가져간다. ▶동국대는 교과전형에서 1등급이 10점인데 4등급에 9.9점을 부과한다. 더욱이 교과성적을 3년간 상위 10과목만 반영하기에 30%를 반영하는 서류종합평가의 영향력이 매우 높아진다.

▶건국대도 등급별 점수가 동국대와 똑같고 서류 반영비율이 30%다. 내신의 영향력을 작게 하여 서류 30%에서 합불을 결정하겠다는 의도이다. 비교과의 영향력이 크기에 생기부의 비교과가 대학이 요구하는 수준에 부합하는지 충분히 검토해봐야 한다.

수능최저기준이 있는 전형을 노려라

교과전형을 시행하는 대부분의 대학이 수능최저학력기준을 부여한다. 아무리 내신이 높아도 수능최저기준을 충족하지 못하면 최종 탈락한다. 하지만 수능최저기준을 충족하면 실질 경쟁률이 낮아지고 최종 합격할 가능성이 높아진다.

대학들이 한 해는 수능최저기준을 반영하다가 또 한 해는 수능최저기준을 반영하지 않기도 한다.

▶경기대 교과전형인 교과성적우수자전형은 2025학년도에 2합 7등급을 요구하기에 등급컷이 낮아질 가능성이 높아졌고 ▶세종대도 3합 10등급을 요구했는데 2024학년도 입시에서 폐지했기에 내신 합격컷이 높아졌다. 하지만 내신이 낮은데 수능최저기준을 충족할 가능성이 있으면 이런 전형을 집중 공략하는 것이 합격 가능성을 높여준다.

▶고려대도 학중인 학업우수자전형의 입시 결과가 2등급 초반~3등급 초반에서 형성된다. 학교추천전형의 1등급 후반~2등급 초반에 비하면 상당히 낮게 형성된다.

▶홍익대도 학종에서 3개 합8등급을 요구하는데 초기에는 경영학과에 3등급대 학생들도 합격했다. 지금은 안정되어 2등급 중반대부터 3등급 초반대의 학생들이 안정적으로 합격한다. 비슷한 수준의 대학의 내신과 비교해보면 제법 낮다고 볼 수 있다.

유불리가 엇갈리겠지만 2024학년도부터 문과의 경우 수능최저등급을 1등급씩 완화한 대학이 많다. 고려대, 성균관대, 서강대를 비롯하여 건국대, 홍익대, 동국대가 1등급을 완화했다.

이런 대학들의 내신 등급이 올라간 것은 당연하다.

수능에 대한 부담감이 커서 수시로 가려는데 수능최저기준이 부담이 될 수도 있다. 하지만 4개 영역을 반영하는 것이 아닌 3개 또는 2개 영역을 반영하기에 강점이 있는 영역을 잘 관리하면 수능최저기준을 충족할 가능성이 높아질 수 있다. 수능최저기준을 충족시키는 전략이 합격으로 이어질 수 있다는 자신감을 갖고 대처해야 좋은 결과가 도출될 것이다.

수시전형에서도 수능을 끝까지 포기해서는 안되는 이유

수능 점수가 우수한 학생들은 그 노력을 인정받을 만하다. 수년간 꾸준하게 수능 공부에 집중한 결과일 것이다. 이런 학생들은 학습계획을 체계적으로 세우고 국어, 수학, 영어, 탐구를 균형 있게 공부하는 것이 습관화되어 있을 것이다. 또한 공부한 내용을 탄탄하게 다지고 오답노트를 통해서 취약점을 보완하고, 심화문제로 깊이 있게 공부하는 학생들일 것이다.

모의고사나 기출문제를 정해진 시간 내외 푸는 연습을 하면서 실전 경험을 많이 쌓은 학생들이다. 많은 시간을 투자하면서 시험에 대한 자신감을 키우고 실수를 줄이려고 쏟아부은 노력을 인정하지 않을 수 없다.

하지만 수능 경쟁력이 약한 학생들은 정시를 목표로 세우기가 쉽지 않다. 그래서 수시에 비중을 둘 수밖에 없는 상황에 처하게 된다. 내신 경쟁력으로 교과전형에서 수능최저기준을 반영하지 않는 대학에 관심을 기울이게 된다. 비교과 활동을 충실하게 관리하여 학종 지원을 고려하기도 한다.

그런데 명심해야 할 것이 수시 가능성을 높이기 위해서라도 수능에 관심을 끝까지 놓지 말아야 한다는 것이다. 수능 경쟁력이 약해 수능최저기준을 충족하지 못하면 수시에서도 선택의 폭이 크게 줄어들기 때문이다.

그렇기에 위축되지 않고 수능을 끝까지 포기하지 않겠다는 집념을 가지고 임해야 한다. 백분위를 세밀히 분석하여 상위 등급의 경계선에 약간 못 미치는 과목을 집중적으로 공략하면 수능최저기준을 충족할 가능성이 높아진다.

수능 경쟁력이 약해서 수시로 지원하기에는 수능최저기준이 부담이 될 수 있다. 하지만 4개 영역을 반영하는 것이 아닌 3개 또는 2개 영역을 반영하기에 강점이 있는 영역을 잘 관리하면 수능최저기준을 충족할 가능성이 높아질 수 있다.

수시를 지원하는 많은 학생이 수능이 약한 경우가 많다. 수능최저기준을 충족시키는 전략이 대입합격으로 이어질 수 있다는 자신감을 갖고 끝까지 수능의 끈을 놓지 않아야 한다.

내신공부가 수능 경쟁력 향상에 도움을

수능을 철저하게 준비하는 것이 내신성적 향상에 도움이 된다. 대부분의 고교가 학교수업을 통하여 내신준비를 시키지만, 교과서 100%로 수업을 진행하지는 않는다. 수능준비를 시키기 위해 수능모의고사를 포함하여 수업하는 학교들이 대부분이다.

3년에 올라가면 EBS교재를 가지고 수능 문제풀이에 집중하는 것이 일반적인 수업의 형태이다. 그렇기에 내신시험이 교과서에서만 출제되지는 않는다. 1~2학년은 수업에서 최소 30~40%는 기출모의고사로 진도를 나가며 수능 스타일로 문제를 출제한다. 내신 공부를 충실하게 하는 것이 수능 경쟁력으로 이어진다.

그렇기에 내신 따로 수능 따로의 경계를 허무는 것이 탄탄한 실력을 보장한다. 모의고사 성적이 만족스럽지 못하다면 내신 공부를 통해서 기본 개념이 탄탄하지 않은지 기출문제를 많이 풀지 못했는지 점검하는 것이 필수적이다. 내신 공부를 통해서 자신의 기본 실력과 취약점을 꾸준히 보완하는 공부가 결과적으로 수능준비로 이어질 것이다.

교과전형이나 학종에서 가능성을 높여줘!

교과전형을 시행하는 대부분의 대학이 수능최저학력기준을 활용한다. 교과전형에서는 내신등급이 아무리 좋아도 수능최저기준을 충족하지 못하면 최종 탈락이다. 하지만 수능최저기준을 충족하면 실질 경쟁률이 낮아지고 다소 낮은 내신에도 합격할 가능성이 높아진다.

학종에서도 마찬가지이다. 고려대의 학교추천전형의 1등급 후반~2등급 초반에 형성되는데, 학종인 학업우수자전형의 입시 결과가 2등급 초반~3등급 초반에서 형성된다. 바로 높은 수능최저기준이 내신 합격 등급을 낮추기 때문이다. 홍익대도 2등급 중반대부터 3등급 초반대의 학생들이 안정적으로 합격할 수 있는데 학종에서 3개 합8을 충족시키면 안정적으로 합격할 수 있다.

논술전형에서도 수능최저기준의 향배가

정시에서는 4개 영역 전부 고르게 나와야 합격 가능성이 높아진다. 하지만 수시에서는 강점이 있는 영역에서 2~3개 영역에서만 높은 수능등급을 받아도 수능최저기준을 충족할 수 있다.

논술전형에서 경쟁률이 평균 50:1~80:1로 폭발적이지만 수능최저기준을 충족하는 학생들이 20%를 넘지 못한다. 수능최저기준을 충족하면 실질 경쟁률은 10:1~15:1로 낮아지기에 합격 가능성이 높아진다.

수리논술은 수능의 3~4점짜리 문제를 서술형 풀듯이 푸는 연습이 크게 도움이 된다. 또한 인문논술에서도 제시되는 다양한 지문이 수능의 국어영역 제시문과 밀접한 연관성이 있다.

인문수리논술도 수능의 수리영역과 상관관계가 높다. 수학이 3등급이면 수리논술의 가능성이 크게 떨어진다. 수능을 끝까지 공부하여 실력을 쌓는 것이 수시논술의 가능성을 높여준다.

쉬운 수능에서 행운이

수능에서 불수능이냐, 물수능이냐에 따라 이해가 엇갈리는 경우가 종종 있다. 불수능일 때 문제를 제대로 풀지못해 안타깝게도 하위 등급을 얻어 낙담하는 경우가 있다. 하지만 물수능으로 출제되어 등급블랭크가 발생하기도 하지만 운좋게 등급 비율 인원이 크게 초과되어 상위 등급을 얻는 경우가 발생하기도 한다.

2024학년도에는 '킬러문제'가 학생들을 힘들게 한다는 공정성 문제가 붉어져 킬러문항 출제를 억제하는 분위기이다. 물론 물수능에서 같은 등급을 받는 인원이 많아지면 경쟁자가 많아질 수도 있다. 하지만 그동안 준비한 것을 겨룰 기회가 주어지면 합격의 가능성이 높아질 수 있다.

또한 수학이 통합 수능인 관계로 문과 학생이 수학에서 고득점 확보가 쉽지 않다. 하지만 정시 합격선이 낮아져서 어렵지 않게 낮은 점수로 합격하는 경우도 있다.

이런 행운도 준비된 경우에만 다가온다. 그래서 끝까지 포기하지 않고 수능의 끈을 꽉 잡고 공부하면 행운의 여신이 미소를 지을 것이다.

어떠한 입시도 꿰뚫는
수시의 길잡이

어떤 입시제도이건 학업을 열심히 수행하는 수준에서 벗어나는 것은 없다. 학습한 내용을 열심히 복습하고 반복학습을 통하여 자기 것으로 만들고 학습한 내용을 응용하고 적용하지 못하면 학업역량이 뒤처지는 것은 만고불변의 진리이다.

기초가 탄탄해야 심화도 탄탄

모든 학업의 기본이 되는 것은 국어, 영어, 수학이라는 도구 과목이다. 이런 도구 과목의 학습을 통해서 기초가 잡혀야 문해력도 가능하고 수학에서 계산력을 바탕으로 응용력도 키울 수 있다. 1학년에서 기본 학습을 탄탄히 하고 2학년에 올라가서는 자연계 진로의 학생들은 미적분에 전념해야 하고 인문계 진로를 원하는 학생들은 확률과 통계에 집중해야 대학 입학에 유리하게 작용한다.

1학년 때 학습이 부족하여 성적이 저조하면 아무리 진로와 관련된 과목이기에 선택했다 하더라도 진로교과의 성취도를 높이는 것이 힘들다. 저조한 역량을 보이면 대학에서도 계열과 관련된 교과 성취도나 이수를 위한 노력의 관점에서 좋은 평가를 받지 못한다.

〈보통교과 과목〉

교과 영역	공통과목	일반선택과목
기초	국어	화법과 작문, 독서, 언어와 매체, 문학
	수학	수학Ⅰ, 수학Ⅱ, 미적분 확률과 통계
	영어	영어회화, 영어Ⅰ, 영어독해와 작문, 영어Ⅱ
	한국사	

교과 영역	공통과목	일반선택과목
탐구	통합사회	한국지리, 세계지리, 세계사, 동아시아사, 경제, 정치와 법, 사회·문화, 생활과 윤리, 윤리와 사상
	통합과학 과학탐구실험	물리학Ⅰ, 화학Ⅰ, 생명과학Ⅰ, 지구과학Ⅰ

상대평가 체제하에서는 높은 등급을 얻기 위해서 치열한 경쟁을 해야하는 사실에는 변함이 없다. 1학년 때 등급이 저조하면 좌절하게 되고 2, 3학년까지 영향을 미칠 수 있다.

3학년 1학기까지의 10번의 시험을 다 잘 봐야 하지만 특히 국어, 영어, 수학 성적을 최대한 올리는 것이 중요하다. 국어, 영어, 수학의 비중이 매우 크기 때문인데 수학이 약하면 총 내신 등급이 하락하여 수시에서 소신 지원이 힘들어지고, 자연계의 경우 공대에서 이수 과목의 연계를 살펴보고 평가될 때 취약점이 드러난다.

수능으로 정시로 간다고 해도 국어, 영어, 수학이 약하면 총점이 낮기에 원하는 대학에 지원이 힘들다. 국어, 영어, 수학 경쟁력이 높아야 대입에서 성공할 때까지 어려움이 없이 자신 있게 합격할 수 있다는 것을 명심해야 한다.

기초 학업이 탄탄하게 완성이 되지 않으면 일반선택과목이나 진로선택과목에서도 교과목을 이해하고 이수하는데 어려움이 있을 수 있다.

대학은 동일한 과목의 3년 동안의 성적 추세를 의미 있게 살펴보기에 좋은 평가를 받기가 힘들 수도 있다.

또한 자연계의 학생들은 물리Ⅰ, 화학Ⅰ, 생물Ⅰ, 지리Ⅰ를 이수하고 2학년이나 3학년에 가서는 물리Ⅱ, 화학Ⅱ, 생물Ⅱ, 지리Ⅱ 과목을 이수해야 경쟁력을 인정받을 수 있다. 자신의 진로에 맞게 위계 있는 과목을 선택해야 한다는 취지에서다. 물리Ⅰ, 화학Ⅰ, 생물Ⅰ, 지리Ⅰ의 학업역량이 탄탄하지 못한데 수학과 과학과 관련된 일반선택과목이나 진로선택과목에서 심도 있는 학업 성취를 쌓으리라고 기대하기는 어렵다.

또한 학업계획표를 세워서 교과과목 이수에 집중해야 하는 것도 다르지 않다. 학업계획을 세우고 학습 습관을 탄탄하게 형성해야 한다. 이러한 학업역량을 바탕으로 교과와 비교과에서 탄탄한 역량을 쌓은 후에 학생부 종합전형에 지원하여 보통 10:1의 경쟁에서 9명의 경쟁자를 제쳐야 합격의 영광을 누릴 수 있다.

학업성취도에서 높은 평가를 받기 위해서는 이수한 교과의 성취 수준을 높게 유지해야 한다. 그리고 학업의 발전 정도를 보여주어야 한다. 학습에 기본적으로 필요한 국어, 수학, 영어, 사회, 과학 성적을 관리하여 우수한 경쟁력을 유지해야 한다. 어떤 진로로 방향을 잡든 국어, 영어, 수학은 기본이 되기 때문이다. 우수한 학업역량을 드러내어야 대학에 진학해서 학업을 수행하는데, 지장이 없다고 평가받는다.

심도 있는 탐구역량을 보여주어야!

성공적인 대입을 위해서는 자신이 선택한 희망 진로와 관련된 기본 과목을 이수하여야 하고 이를 바탕으로 관련 과목을 이수하고 도전적인 과제를 수행해야 한다. 특히 희망 진로와 관련한 과목은 다른 과목보다 우수하고 심도 있게 탐구한 흔적이 있어야 역량이 인정되어 대학이 관심을 갖는다.

학업을 수행하고 학습하려는 의지와 노력도 중요하다. 이것은 학업 태도와 열정에 관련된 것으로 학업을 수행하는데 있어서 자발적이고 도전적인 학습 의지가 드러나야 더 좋은 평가를 받을 수 있다.

학습한 내용을 심화하고 발전시키려고 보인 노력과 경험은 자기주도적으로 탐구하면서 지적 호기심을 충족하려는 학습을 통하여 발현된다. 즉 성취 동기나 목표의식이 자기주도적이고 자발적이어야 한다. 학습에 있어서 넓고 깊게 탐구하려는 의지와 열정이 드러나야 한다.

〈상위권 대학의 학종 평가기준〉

대학	서울대	고려대	성균관대
평가요소	*습득한 지식의 활용 *문제해결능력 *호기심과 도전적 태도 *폭넓은 시야와 경험	*문제해결능력 *창의성 *자기계발역량	*탐구력과 실험정신 *지적 호기심 *다양한 영역의 지식과 소양 *관심 분야의 확장된 경험 *학업 관련 탐구활동 실적

　또한 교과 활동을 수행하면서 지식의 폭을 확장하고 새로운 것을 창출하려는 노력을 보여주어야 한다. 그리고 수업 활동에서 적극적인 자세로 토론, 발표에 참여하려는 활동은 기본이다.

　지적 호기심이 발현되어야 하고 사물과 현상에 대해 탐구하고 새로운 방법으로 문제를 해결하려는 노력은 탐구역량으로 집약된다. 심도 있는 탐구활동에 적극적으로 참여해야 하고 결과물을 산출해야 의미가 있다.

　탐구 및 연구활동, 실험실습, 글쓰기 및 적극적인 독서활동 등 다양한 탐구활동을 통해서 진로에 대한 열의와 지적 호기심을 충족하려고 노력하고 있다는 것을 보여주어야 한다. 학업역량을 바탕으로 주도적인 탐구력을 보여줄 때 미래에 잠재력이 있는 일군으로 성장할 것이라는 믿음을 줄 수 있다.

　열심히 했다는 것만으로는 안 된다.

　잘했다는 것이 중요하다.

　수준 높은 역량을 보여주어야 대학의 높은 평가를 받는다는 것은 어떠한 입시를 통해서도 변하지 않는 진리이다.

제2부

2025학년도 입시
대학별 분석 및 지원전략

교과 · 학종

제 1 장

서울권 대학

건국대학교

건국대학교 학생부 교과전형 주요사항 비교		
	2024학년도	2025학년도
전형명 및 모집인원	▶KU지역균형 (교과) *342명	▶KU지역균형 (교과) *441명(▲99)
지원자격	*졸업예정자 *고교 재학인원의 5% 이내	*고교별 추천인원 제한없음
전형방법	▶ KU지역균형(교과) *342명 *교과70%+서류30%	▶KU지역균형 (교과) *441명(▲99) *교과70%+서류30%
복수지원	교과전형과 학종 간 중복지원 가능	〈변동사항 없음〉
반영교과	*인문/자연:국,수,영,과,사,한국사 전과목	〈변동사항 없음〉
교과성적 산출방법	*전체 모집단위에 평균석차등급별 기준점수 적용 	석차등급	1	2	3	4	 	기준점수	10	9.97	9.94	9.9		〈변동사항 없음〉
서류평가	▶교과학습발달상황 항목만 서류평 가에 반영 *학업역량20%:학업성취도/학업태도 *진로역량10%:전공(계열) 관련 교과 이수 노력/전공(계열) 관련 교과성취	〈변동사항 없음〉
진로선택 과목		성취도	A	B	C	 	기준점수	10	9.9	8	 *진로선택과목: 정성평가로만 반영	〈변동사항 없음〉

■ 선발인원

✓ 2024학년도에 342명을 선발하였는데, 2025학년도에는 99명이 증가한 441명을 선발한다.

✓ 고교 추천인원이 2024학년도에 5%였는데 2025학년도에는 추천인원 제한이 없어 사실상 일반 학생부 교과전형과 같다.

✓ 학생부는 교과 정량평가로 70%를 반영하고 서류 30%는 교과 정성평가가 이루어진다.

■ 30% 교과 정성평가의 영향력

✓ 교과 종합평가는 교과학습 발달상황에 한정하여 평가하기에 세부능력 및 특기사항이 중요하고, 창의적 체험활동 등에 보이는 진로탐색 활동에 대한 평가는 이루어지지 않는다.

✓ 교과 정량평가 70%는 1등급에서 4등급까지 0.1등급 차이밖에 나지 않기에 거의 영향력이 없다고 볼 수 있다.

✓ 성적 기준 1배수 내에서는 교과 종합평가가 실질 반영률 30% 수준의 영향력을 미치고 있으며, 그리고 학업역량에서 탐구력을 제외한 학업성취도와 학업태도를 평가한다.

■ 면접 미반영

✓ 면접을 실시하지 않지만, 단순히 교과 등급만 좋다고 가능성이 높지는 않다.

✓ 전공 관련 이수 노력과 전공 관련 교과 성취도를 진로역량으로 평가하기에 이를 고려하여 전공을 선택해야 한다. 즉 선택과목의 영향력이 존재함을 고려해야 하는데 과목을 이수하지 않는 경우 감점된다.

■ 진로선택과목

✓ 진로선택과목은 성취도 및 이수 단위를 반영한다. 반영 교과 기준 성취도 상위 3과목만 정성평가로만 반영한다.

건국대학교 학생부 종합전형 주요사항 비교		
	2024학년도	**2025학년도**
전형명 및 모집인원	▶KU자기추천(종합) *830명	▶KU자기추천(종합) *833명(▲3)
전형방법	▶KU자기추천(종합) *830명 *1단계:서류100%(3배수) *2단계:1단계70%+면접30%	▶KU자기추천(종합) *833명(▲3) *1단계:서류100%(3배수) *2단계:1단계70%+면접30%
면접구성	*서류기반 면접으로 활동에 대한 진위 여부를 확인하는 과정으로 진행 *10분 내외로 진행 *5~7개의 질문과 그와 관련된 꼬리질문으로 구성	〈변동사항 없음〉
서류평가	▶평가요소 및 평가항목 *학업역량30%:학업성취도/학업태도/탐구력 *진로역량40%: 전공(계열) 관련 교과 이수 노력/전공(계열) 관련 교과 성취도/진로탐색 활동과 경험 *공동체역량30%:협업과 소통능력/나눔과 배려/성실성과 규칙준수/리더십	〈변동사항 없음〉

■중요한 교과 이수와 성취도

✓진로역량을 40% 반영하는데 지원학과에서 요구하는 교과의 이수와 성취도가 중요한 평가요소이다.

✓교과활동을 통하여 과목 이수 이력과 성취도, 세부능력 및 특기사항에서의 수업 참여도가 진로역량을 적극 어필할 수 있다.

■지원학과 선정

✓지원학과를 선정할 때는 모집단위와 관련된 과목 선택 이수 여부와 교과학습 발달상황에서의 전공 관련 기초 역량을 우선적으로 고려해야 한다.

✓ 지원하고자 하는 학과에 대한 이해를 돕기 위해서는 학생부 전형가이드북, 학과 안내가이드북을 참고하면서 지원학과를 선정해야 합격 가능성을 높일 수 있다.

■ **면접평가**

✓ 입학사정관 2인이 종합적으로 정성평가하고, 일정 점수 이상 차이가 나는 경우 원평가자를 제외한 입학사정관 2인이 재평가를 진행한다.

✓ 제출서류에 기반한 개별면접으로 서류 진위 여부를 확인한다. 면접평가자 2인이 지원자 1인을 대상으로 10분 내외로 진행된다.

✓ 서류기반의 면접이기에 자신이 했던 다양한 활동에 대해서 동기, 과정, 결과, 느낀 점을 정리해두는 것이 도움이 된다.

■ **특목고·자사고의 약진**

✓ 다른 모집단위와 비교해서 교과 평균 성적이 눈에 띄게 낮은 경우 일반고 중심의 합격자가 아닐 수 있다는 점을 고려하여 지원할 필요가 있다.

✓ 특목고·자사고의 합격자 비중이 계속 증가하고 있다. 서강대, 성균관대에 비하면 적지만 합격자의 20%까지 증가하고 있다.

■ **면접평가항목**

✓ 면접평가에도 서류평가와 똑같이 학업역량 30%, 진로역량 40%, 공동체역량 30%가 반영된다. 공대처럼 협업이 중요한 모집단위에서는 공동체역량이 중요하게 평가된다.

✓ 학업역량에서는 탐구력만 반영되고, 진로역량에서는 전공(계열) 관련 교과 이수 노력과 진로탐색 활동과 경험이 평가된다.

경희대학교

경희대학교 학생부 교과전형 주요사항 비교		
	2024학년도	2025학년도
전형명 및 모집인원	▶지역균형(교과) *578명	▶지역균형(교과) *577명(▼1)
지원자격	*고교 재학 인원의 5% 이내	〈변동사항 없음〉
전형방법	▶지역균형(교과) *578명 *교과56%+출결봉사14%+ 서류종합 평가30%	▶지역균형(교과) *577명(▼1) *교과56%+출결봉사14%+ 서류종합 평가30%
복수지원	*네오르네상스와 복수지원 가능	〈변동사항 없음〉
반영교과	*공통/일반선택(80%):석차등급 −인문:국,수,영,사,한국사 전과목 −자연:국,수,영,과 전과목 *진로선택(20%):성취도 −인문:국,수,영,사 교과 중 상위 3개 과목 −자연:국,수,영,과 교과 중 상위 3개 과목	〈변동사항 없음〉
교과성적 산출방법	*전체 모집단위에 평균석차등급별 기준점수 적용 <table><tr><td>석차등급</td><td>1</td><td>2</td><td>3</td><td>4</td></tr><tr><td>기준점수</td><td>100</td><td>96</td><td>89</td><td>77</td></tr></table>	〈변동사항 없음〉
진로선택 과목	*진로선택:상위 3과목 반영 <table><tr><td>성취도</td><td>A</td><td>B</td><td>C</td></tr><tr><td>기준점수</td><td>100</td><td>80</td><td>60</td></tr></table>	〈변동사항 없음〉

■ 선발인원

✓ 교과 선발인 지역균형은 2024학년도에는 578명을 선발했는데 2025학년도에는 1 명이 감소한 577명으로 전년도와 큰 변화가 없다.

■ 교과 종합평가 30%

✓ 서류평가하는 교과 종합평가는 30%를 반영한다. 학업역량을 50% 반영하는데 교과학습 발달상황에 한정하여 평가하기에 창의적 체험활동 등에 보이는 평가는 이루어지지 않는다. 학업 충실도와 교과 이수 충실도에 신경을 많이 써야 한다.
✓ 전공 관련 이수 노력과 교과 성취도를 진로역량 평가로 50%를 반영하나 진로탐색 활동에 대한 평가는 안 하기 때문에 이를 고려한 학과 선택이 필요하다.
✓ 성적 기준 1배수 내에서는 교과 종합평가가 실질 반영률이 30%이나 절대평가이기에 변별력이 떨어져 실질 영향력이 높지 않은 편이다. 하지만 의약학계열의 경우 교과 극상위 학생들이기에 교과 종합평가는 실질적으로 영향력이 있다는 점을 고려해야 한다.

■ 진로선택과목

✓ 진로선택과목은 20%를 반영한다. 인문계열은 국어, 영어, 수학, 사회교과 중 상위 3과목을 반영하고, 자연계열은 국어, 영어, 수학, 과학 교과 중 상위 3개 과목을 반영한다.

■ 수능최저학력기준

✓ 인문/자연의 경우 수능 탐구 지정이 폐지됨에 따라 자연계에 사탐도 허용되며 탐구영역 반영 과목 수가 기존 상위 1과목 반영에서 2과목 평균 반영으로 강화되었다.
✓ 인문 2개 합5, 자연계는 미적분과 기하 중 택1이 그대로 유지되어 2개 합5, 의치한약은 3개 합4가 요구된다.
✓ 인문계열을 분리하는 한의예(인문), 지리(인문)의 경우 수학은 〈확률과 통계〉, 탐구는 사회탐구를 명시한다.

경희대학교 학생부 종합전형 주요사항 비교		
	2024학년도	**2025학년도**
전형명 및 모집인원	▶네오르네상스(종합) *1,092명	▶네오르네상스(종합) *1,081명(▼11)
지원자격	*3학년 재적 학생 수의 4%	〈변동사항 없음〉
전형방법	▶네오르네상스(종합) *1,092명 *1단계:서류100%(3배수) *2단계:1단계70%+면접30%	▶네오르네상스(종합) *1,081명(▼11) *1단계:서류100%(3배수) *2단계:1단계70%+면접30%
복수지원	*지역균형과 복수지원 가능	〈변동사항 없음〉
반영교과	*전과목 *학년별,교과별 가중치 없음	〈변동사항 없음〉
서류평가	▶평가요소 및 평가항목 *학업역량30%(학업성취도, 학업태도, 탐구력)+진로역량50%(전공(계열) 관련 교과이수노력, 전공(계열)관련 교과성취도, 진로탐색활동과 경험)+ 공동체역량20%(협업과 소통능력, 나눔과 배려, 성실성과 규칙준수, 리더십)	〈변동사항 없음〉

■학종 선발인원

✓학생부 종합전형 모집인원은 소폭 감소되었다. 2024학년도 1,092명에서 11명 증가한 1,081명을 선발한다.

■평가요소 및 평가항목

✓서류평가에서 진로역량의 비중이 가장 높은 50%를 반영한다. 지원 전공(계열)에 필요한 과목을 선택하여 이수한 정도와 지원 전공(계열)에 필요한 과목을 수강하고 취득한 학업성취 수준이 중요하다.

■전공 관련 역량 중시

✓모집단위와 관련된 과목 선택 이수 여부와 교과학습 발달상황에서의 전공 관련 기초 역량이 중요하게 평가되기 때문에 지원 학과 선정이 전략적으로 중요하다.

✓교과 이수 권장과목을 이수하지 않았더라도 수학, 과학 교과의 전반적인 성취도가 우수하다면 크게 문제되지는 않는다.

✓학생부 전형가이드북, 학과안내 가이드북을 통해 지원하고자 하는 학과의 권장과목을 충분히 숙지하고 지원학과를 선정해야 합격 가능성을 높일 수 있다.

■면접평가

✓개인 면접으로 면접위원 2인대 지원자 1인의 면접으로 진행된다. 전공 적합성의 반영비율이 50%인데 전공 기초소양과 논리적 사고력을 평가한다. 나머지 50%는 인성인데 가치관 및 태도, 의사소통능력을 평가한다.

✓면접은 개인당 8분 내외로 진행되는데 의학계열은 18분 내외로 진행된다. 면접이 합격과 불합격을 바꿀 정도는 영향력이 있지는 않고 80% 정도는 서류평가 순서대로 합격한다.

■입시 결과 유의

✓다른 대학들이 융합형이나 탐구형으로 분리하는 것처럼 일반고와 자사고 또는 특목고 학생들의 지원을 유도하기 위하여 트랙을 분리하지 않는다. 그렇기에 하나의 전형을 통해 다양한 학생들을 선발하고 있다는 것을 주지할 필요가 있다.

✓다른 모집단위와 비교해서 교과 평균 성적이 눈에 띄게 낮은 경우 일반고 중심의 합격자가 아닐 수 있다는 점을 고려하여 지원할 필요가 있다.

고려대학교

고려대학교 학생부 교과전형 주요사항 비교		
	2024학년도	**2025학년도**
전형명 및 모집인원	▶학교추천(교과) *679명	▶학교추천(교과) *615명(▼64)
지원자격	*3학년 재적 학생 수의 4%	*졸업예정자 중 고교별 12명
전형방법	▶학교추천(교과) *679명 *학생부(교과)80%+서류20%	▶학교추천(교과) *615명(▼64) *학생부(교과)80%+서류20%
복수지원	*학업우수형과 복수지원 불가	〈변동사항 없음〉
반영교과	*전교과 *학년별,교과별 가중치 없음	〈변동사항 없음〉
교과성적 산출방법	*평균석차 등급별 기준점수 적용 <table><tr><td>석차등급</td><td>1</td><td>2</td><td>3</td><td>4</td></tr><tr><td>기준점수</td><td>100</td><td>98</td><td>94</td><td>86</td></tr></table>	〈변동사항 없음〉
서류평가	▶평가요소 및 평가항목 *교과이수충실도(70%):계열 관련 교과 이수/학업 충실도/기타 요소 *공동체역량(30%):규칙준수/나눔과 배려/리더십/기타 요소 (학교폭력 가해 여부 등)	〈변동사항 없음〉
수능최저 학력기준	[인문]국수영탐(2) 중 3개 합7, 한국사4 [자연]국수(미/기)영과(2) 중 3개 합7 [의대]국수(미/기)영과(2) 중 4개 합5	[인문·자연]국수영탐(2) 중 3개 합7, 한국사4 [의대]국수영탐(2) 중 4개 합5

■ **일괄선발 기조 유지**

✓'교과80+서류20'의 일괄선발로 면접 없이 수능최저기준이 활용되는 기조가 유지

된다. 지원자의 성적 편차가 크지 않기에 내신보다는 학생부 내용이 중요하다. 내신만 갖고 지원한다고 가능성이 높지 않다는 것을 명심해야 한다.

■모집인원 소폭 감소

✓2024학년도에는 모집인원이 20% 정도로 대폭 감소되었는데, 2025학년도는 전년도의 679명에서 64명이 감소된 615명을 선발한다.

■교과이수 충실도 중요

✓서류평가는 학생부 종합평가로 교과 이수 충실도가 70% 반영되는데 계열 관련 교과 이수, 수업 충실도, 기타 요소 등이 평가된다. 예를 들어 경영대학을 지원할 때 수학이나 경제과목을 이수했는지 위주로 평가한다. 즉 모집단위에 필요한 과목 이수가 안 되어 있으면 감점 요인이 될 수 있다.

✓A를 1등급으로 적용하는 진로선택과목의 영향력은 크지 않다.

■일반고 합격률

✓일반고 합격률이 95%, 외고, 국제고는 3.1%, 자사고는 2.5%로 나타난다. 교과 성적반영에서 1등급과 2등급의 환산점수 감점폭이 2점으로 설정되어, 연세대의 5점보다는 낮다. 학교추천과 학업우수전형간 중복지원이 허용되지 않는다.

■수능최저학력기준

✓수능최저학력기준은 인문·자연 3개 합7등급으로 탐구영역은 2개 과목을 반영한다. 수능이 약한 학생들은 수능 공부에 전력을 기울여야 합격 가능성을 높일 수 있다.

■추합 고려한 지원 필요

✓2023학년도 대입에서 교과 성적 평균은 인문이 1.53이었고, 자연계열은 1.45등급이었다. 경제경영이 서울대로 빠져나가 추합이 많이 도는 편이다. 상위권 학과에서 펑크가 나기도 하고 낮은 학과로 몰려 경쟁률이 더욱 높아지는 경우도 많다.

고려대학교 학생부 종합전형 주요사항 비교		
	2024학년도	2025학년도
전형명 및 모집인원	▶학업우수(종합) *1,006명 ▶계열적합 *593명	▶학업우수(종합) *801명(▼205) ▶계열적합 *493명(▼100)
전형방법	▶학업우수 *1,006명 *1단계:서류100%(6배수) *2단계:1단계70%+면접30% *의과대학면접:상황제시문기반 (MMI)	▶학업우수 *801명(▼205) *서류100% *의과대학면접:상황제시문기반 (MMI)
	▶계열적합 *593명 *1단계:서류100%(5배수) *2단계:1단계50%+면접50% *제시문 기반 면접	▶계열적합 *493명(▼100) *1단계:서류100%(5배수) *2단계:1단계50%+면접50% *제시문 기반 면접
서류평가	▶평가요소 및 평가항목 *학업역량(50%)+자기계발역량(30%)+공동체역량(20%)	〈변동사항 없음〉
수능최저 학력기준	*학업우수 [인문]국수영탐(1) 중 4개 합8, 한국사4 [자연]국수(미/기)영과(1) 중 4개 합8 [자연:반도체,차세대통신,스마트모빌]국수(미/기)영과(1) 중 4개 합7 [의대]국수(미/기)영과(2) 중 4개 합5	*학업우수 [인문·자연]국수영탐(1) 중 4개 합8, 한국사4 [자연:반도체,차세대통신,스마트모빌]국수영탐(1) 중 4개 합7, 한국사4 [의대]국수영탐(2) 중 4개 합5, 한국사4

■단계별 선발→일괄선발(면접 폐지)

✓고려대의 학종인 학업우수는 단계별 전형에서 서류 100%의 일괄선발전형으로 변경되었다. 단계별 전형에서는 1단계 통과가 관건이었는데 서류 100%로 바뀌면서 서류의 영향력이 강화되어 상위권 일반고나 특목고·자사고 학생들에게 유리한 구조가 되었다고 볼 수 있다.

✓ 내신의 경쟁력이 떨어지지만, 면접으로 극복하려던 학생들은 유리한 요소가 사라졌기에 학종으로 합격하기가 좀더 어려워졌다고 볼 수 있다.

✓ 면접이 폐지되고 서류만으로 평가하기에, 면접 준비에 부담을 느끼는 학생들이 대거 몰려 경쟁률은 높아질 것으로 볼 수 있다. 하지만 4개 합8의 수능최저학력기준은 영향력이 큰 편이므로 수능최저기준 충족 가능 여부를 판단하고 지원해야 한다.

✓ 경영학과는 수능최저가 4합5로 매우 높아 실제로 최저를 충족하는 학생이 많지 않아 실질 경쟁률은 높지 않을 것으로 예상된다.

■20% 감축된 학업우수형

✓ 고려대 학종인 학업우수형의 선발인원이 대폭 감축된다. 2024학년도에 1,006명을 선발했는데 2025학년도에는 801명으로 20% 정도 감축된다.

*논술 실시로 334명을 선발하여 학종에서 선발인원이 감축한 것으로 볼 수 있는데 학종전형에서 경쟁이 심화되어 학종으로 합격하기가 쉽지 않을 수 있다.

■100명 감축된 계열 적합형

✓ 2024학년도 593명을 선발했던 계열 적합형에서 2025학년도에는 100명이 감축된 493명을 선발하는데 작년에 100명을 증원했다가 다시 제 작년의 정원으로 돌아간 것이다.

✓ 외고, 국제고의 합격률이 74%, 과학고, 영재고의 합격률이 81%에 이를 정도로 일반고생들에게는 유리하지 않은 전형이다. 자사고의 합격률도 11%로 전공 관련 심화된 활동을 한 학생이 유리하다.

■수능최저학력기준

✓ 수능 수학영역 선택과목은 계열과 관계없이 확률과 통계, 미적분, 기하 모두를 인정한다.

✓ 계열 적합형은 수능최저기준을 반영하지 않는다. 사이버국방은 2단계 면접이 폐지되었고 수능최저는 탐구 2과목 평균에서 상위 1과목으로 변경되었다.

광운대학교

광운대학교 학생부 교과전형 주요사항 비교		
	2024학년도	**2025학년도**
전형명 및 모집인원	▶지역균형(교과) *209명	▶지역균형(교과) *194명(▼15)
전형방법	▶지역균형(교과) *209명 *교과100%	▶지역균형(교과) *194명(▼15) *교과100%
반영교과	*공통/일반선택(85%):석차등급 −인문:국,수,영,사 모든 교과목 −자연:국,수,영,과 모든 교과목 *진로선택(15%):성취도 −국어,수학,영어,사회,과학 전과목	*인문자연:국어,영어,수학,사회,과학
교과성적 산출방법	*전체 모집단위에 평균석차등급별 기준점수 적용 	석차등급	1	2	3	4
---	---	---	---	---
기준점수	100	98	96	94		〈변동사항 없음〉
진로선택 과목	*진로선택:반영교과 상위 3과목 	성취도	A	B	C
---	---	---	---
기준점수	1	2	3		*반영교과에 따라 지원자가 이수한 모든 교과목 | 성취도	A	B	C
---	---	---	---
기준점수	1	2	4	
수능최저 학력기준	미반영	〈변동사항 없음〉

■선발인원 감소

✓ 지역균형 전형에서 전년도에 비해 15명이 감소한 194명을 모집한다.

■지원자격

✓ 추천인원에는 제한이 없으나 학교장의 추천을 받은 학생만 지원가능하다.

■교과반영

✓ 공통과목과 일반선택과목은 인문과 자연공통으로 국, 수, 영, 사, 과 모든 과목을 반영한다.

✓ 진로선택과목은 성취도 A에 1등급, B에 2등급을 부과하며, 지난해는 상위 3과목만 반영했으나 2025학년도에는 지원자가 이수한 모든 교과목을 반영한다.

✓ 성취도 C의 경우 지난해 3등급에서 2025학년도에는 4등급을 부여하기에 C를 성취한 경우 불리하게 작용할 수 있다.

■수능최저학력기준

✓ 선호도가 비슷한 대학들이 수능최저학력기준을 활용하고 있지만, 광운대는 반영하지 않아 교과전형의 입시 결과가 높게 나타난다는 점을 유념할 필요가 있다.

■70% 합격선

✓ 광운대는 전통적으로 공학계열에 강세를 보이고 있는 대학인데 전자공학계열은 우리나라 최초로, 국내 최대규모로 설립되었다.

✓ 인문계 70%컷은 1등급 말부터 2등급 초반까지 형성된다. 자연계 70%컷은 1등급 후반부터 2등급 초반에서 형성된다.

광운대학교 학생부 종합전형 주요사항 비교		
	2024학년도	2025학년도
전형명 및 모집인원	▶광운참빛인재 I (면접형) *358명	▶광운참빛인재 I (면접형) *330명(▼28)
	▶광운참빛인재 II (서류형) *177명	▶광운참빛인재 II (서류형) *163명(▼14)
	▶소프트웨어우수인재 *35명	▶소프트웨어우수인재 *30명(▼5)
전형방법	▶광운참빛인재 I (면접형) *358명 *1단계:학생부100%(3배수) *2단계:1단계70%+면접30%	▶광운참빛인재 I (면접형) *330명 (▼28) *1단계:학생부100%(3배수) *2단계:1단계70%+면접30%
	▶광운참빛인재 II (서류형) *177명 *학생부100%	▶광운참빛인재 II (서류형) *163명(▼14) *학생부100%
	▶소프트웨어우수인재 *35명 *1단계:학생부100%(3배수) *2단계:1단계70%+면접30%	▶소프트웨어우수인재 *30명(▼5) *1단계:학생부100%(3배수) *2단계:1단계70%+면접30%
서류평가	▶평가요소 및 평가항목 *면접형:학업역량25%+진로역량50%+인성25% *서류형:학업역량35%+진로역량45%+인성20%	〈변동사항 없음〉

■ 전반적인 선발인원 감소

✓ 전반적으로 모집인원이 감소되었다. 면접형은 28명이 감소한 330명을 선발하고, 서류형에서는 14명이 감소되어 163명을 모집한다. 소프트웨어우수인재에서는 5명이 감소된 30명을 모집한다.

■면접형 진로역량 50% 반영

✓ 면접형은 서류평가에서 비슷한 선호도의 타학교에 비해 진로역량 평가요소의 반영비율이 50%로 높은 편이다.

✓ 전 교과의 평균성적이 조금 낮더라도 교과 성취도와 활동 경험이 높다면 지원해볼만하다.

✓ 진로역량은 지원 모집단위와 관련한 학업을 수행할 수 있는 역량과 준비도를 평가한다. 전공관련 교과 이수 노력과 성취도를 평가하며 진로와 전공에 대해 관심과 역량을 정성적으로 평가한다.

✓ 30%가 반영되는 면접에서는 발전 가능성과 논리적 사고력을 80%의 비중으로 평가하고, 인성이 20% 반영된다.

■서류형

✓ 다른 전형요소가 없기에 학업역량의 비중이 좀 더 높고 진로역량과 인성역량의 비중이 좀더 낮게 형성된다.

✓ 전공에 대한 설계가 우수하고 학종의 준비도가 높다면 서류형으로 지원하는 것이 유리하다.

✓ 선발인원이 면접형에 비해 절반 정도밖에 안 된다는 것도 경쟁률과 충원율에 영향을 줄 수 있다는 것을 유념할 필요가 있다.

■소프트웨어전형

✓ 면접형과 마찬가지로 서류평가와 면접 평가 점수를 합산하여 선발한다. 컴퓨터정보공학부와 소프트에서 학부, 정보융합학부에만 지원이 가능하다.

국민대학교

국민대학교 학생부 교과전형 주요사항 비교

	2024학년도	2025학년도
전형명 및 모집인원	▶교과성적우수자(교과) *493명	▶교과성적우수자(교과) *497명(▲4)
지원자격	*졸업예정자 *고교별 추천 인원 제한 없음	〈변동사항 없음〉
전형방법	▶교과성적우수자(교과) *493명 *교과100%	▶교과성적우수자(교과) *497명(▲4) *교과100%
복수지원	*프런티어전형과 복수지원 가능	〈변동사항 없음〉
교과성적 산출방법	*전체 모집단위에 평균석차등급별 기준점수 적용 | 석차등급	1	2	3	4 | |---|---|---|---|---|
기준점수	10	99	98	95		〈변동사항 없음〉
진로선택 과목	*진로선택:등급별 기준점수 	성취도	A	B	C	 |---|---|---|---|
기준점수	100	98	90		〈변동사항 없음〉
수능최저 학력기준	[인문]국수영탐(1) 중 2개 합5 [자연]국수영과(1) 중 2개 합6	〈변동사항 없음〉

■**지원자격**

✓학교장추천이 필요하나 추천 인원은 제한하지 않기에 수능최저기준 충족 여부를 더 고민해야 한다.

■**반영교과**

✓공통 및 일반선택은 85%를 반영하는데 인문은 국어, 수학, 영어, 사회 모든 교과목, 자연은 국어, 수학, 영어, 과학 모든 과목을 반영한다.

✓진로선택은 15%를 반영하는데 국어, 수학, 영어, 사회, 과학 전과목을 반영한다.

■**변동요인**

✓교과전형은 전형방법, 모집인원, 수능최저기준, 교과 반영방법 등 큰 변화가 없고 입시 결과와 경쟁률이 축적되어 있으므로 이를 바탕으로 지원전략을 수립하면 합격 가능성을 높일 수 있다.

✓경쟁률의 등락이 심한데도 등급컷은 크게 변동이 없는 일반화할 수 없는 사례가 등장하기에 최저성적을 참조하지 말고 평균성적을 확인해야 지원에 도움이 된다.

■**합격자 평균**

✓2023학년도 인문계 합격자 평균이 1.79(교육학과)~2.77(중국학부 중국정경전공)이었고, 자연계의 평균등급은 1.60(응용화학부 바이오의약전공)~2.49(건설시스템공학부)였다. 추가합격 인원에 따라 학과별 최저합격점이 달라진다는 것을 유의할 필요가 있다.

✓2023학년도 수능최저 충족률은 인문 63%, 자연 74%로 나타났다.

국민대학교 학생부 종합전형 주요사항 비교		
	2024학년도	**2025학년도**
전형명 및 모집인원	▶국민프런티어(종합) *452명	▶국민프런티어(종합) *455명(▲3)
	▶학교생활우수자(종합) *403명	▶학교생활우수자(종합) *398명(▼5)
전형방법	▶국민프런티어(종합) *452명 *1단계:서류100%(3배수) *2단계:1단계70%+면접30%	〈변동사항 없음〉
	▶학교생활우수자(종합) *403명 *서류100%	〈변동사항 없음〉
서류평가	▶평가요소 및 평가항목 *국민프런티어:자기주도성30%+발전가능성20%+전공잠재력25%+학업능력15%+공동체의식 및 협동능력10% *학교생활우수자:자기주도성15%+발전가능성20%+전공잠재력35%+학업능력15%+공동체의식 및 협동능력15%	〈변동사항 없음〉

■국민프런티어

✓ 서류평가에서 평가 비중이 가장 높은 자기주도성은 30%가 반영되는데 교내 활동과 수업에 적극적인 참여, 자신의 역량을 강화하기 위해 어떤 노력과 성취를 했는가에 주목한다.

✓ 전공잠재력은 지원 전공특성에 맞게 키운 역량을 평가하므로 지원 전공에 자신 있는 학생이 지원하면 가능성이 높다. 진로 탐색을 위해 기울인 노력과 성과를 평가하는 데 초점을 맞추고 있다.

■면접

✓ 면접은 개인별 10분 정도 시행되는데 전공 적합성의 비율이 40%로 높고, 자기주도성 및 도전정신의 비중이 40%이다.

✓ 1단계 서류평가 점수가 매우 촘촘하고 면접의 실질적인 영향력이 높아 면접 역전율은 인문 46.4%, 자연 52.1%로 나타난다.

✓ 어문계열에서는 평균 등급과 최저합격자의 성적 차이가 크게 발생하므로 유의해야 한다.

■학교생활우수자

✓ 전공잠재력의 비중이 35%로 가장 높다. 생기부에서 보여지는 진로희망과 학과와의 관련성을 잘 검토하여 지원할 필요가 있다.

✓ 프런티어전형에서 1단계를 통과하지 못했으나 학교생활 우수자전형으로 지원 시 합격할 수 있었던 사례가 다수 발견되기에 전형의 특성을 고려한 지원이 필요하다.

✓ 타 대학과 면접일이 겹치거나, 학교생활은 우수하나 면접에 자신 없는 학생들이 지원하면 유리하다.

덕성여자대학교

덕성여자대학교 학생부 교과전형 주요사항 비교		
	2024학년도	2025학년도
전형명 및 모집인원	▶학생부100%(교과) *149명	▶학생부100%(교과) *144명(▼5)
	▶고교추천(교과) *128명	〈변동사항 없음〉
지원자격	*고교추천은 학교장추천이 필요함 *고교별 추천제한없음	〈변동사항 없음〉
전형방법	▶학생부100%(교과) *149명 *교과100%	▶학생부100%(교과) *144명(▼5) *교과100%
	▶고교추천(교과) *128명 *교과100%	〈변동사항 없음〉
복수지원	*학종과 복수지원 가능	〈변동사항 없음〉
반영교과	*공통/일반선택(90%):석차등급 -국,수,영,사,과 중 상위 3개 교과 상위 4과목(학생부 100%)/상위 3개 교과에서 등급이 산출되는 전과목(고교추천) *진로선택(10%):성취도 -국,수,영,사,과 중 3개 교과 중 상위 3과목	*진로선택과목: 국,영,수,사,과 교과 중 성취도 등급 상위 3개 과목 반영(학생부100%/고교추천)
교과성적 산출방법	*전체 모집단위에 평균석차등급별 기준점수 적용 석차등급 / 1 / 2 / 3 / 4 기준점수 / 100 / 99 / 98 / 97	〈변동사항 없음〉
진로선택 과목	*진로선택:성취도 성취도 / A / B / C 기준점수 / 100 / 99 / 97	〈변동사항 없음〉

덕성여자대학교 학생부 교과전형 주요사항 비교		
	2024학년도	**2025학년도**
수능최저 학력기준	*학생부100% [인문,자연]국수영탐(1) 중 2개 합7 [약학]국수(미/기)영과(1) 중 3개 합6	〈변동사항 없음〉

■광역별 모집

✓덕성여대는 세부 전공별로 모집하지 않고, 인문광역, 자연광역, 예체능광역으로 선발하는 대학임을 인식해야 한다.

■동일한 전형방법

✓학생부 100% 전형과 고교추천 전형은 똑같이 교과 100%로 전형한다. 단 학생부 100%는 수능최저기준을 적용한다.

✓학생부 100% 전형과 고교추천전형 간에 중복지원이 가능하다. 고교추천전형은 학교장의 추천을 받아야 지원할 수 있고 고교별 추천 인원은 제한이 없다.

■공통/일반선택 반영방법

✓공통 및 일반선택과목은 2024학년도에 학생부 100%, 고교추천에서 똑같이 국어, 영어, 수학, 사회/과학 교과 중 상위 3개 교과의 4개 과목을 반영했다. 2025학년도에도 반영방법에 변화가 없기에 총 반영과목이 12과목이다.

■진로선택과목 반영

✓하지만 진로선택에 있어서 2024학년도에는 반영되는 3개 교과 중 성취도 등급 상위 3개 과목을 반영했지만, 2025학년도에는 국어, 영어, 수학, 사회/과학 교과 중 성취도 등급 상위 3개 과목만 반영한다. 학생부 100% 전형과 고교추천에서 똑같이 적용된다.

덕성여자대학교 학생부 종합전형 주요사항 비교		
	2024학년도	**2025학년도**
전형명 및 모집인원	▶덕성인재 I (종합) *102명	▶덕성인재 I (종합) *66명(▼36)
	▶덕성인재 II (종합) *117명	▶덕성인재 II (종합) *150명(▲33)
전형방법	▶덕성인재 I (종합) *102명 *서류100%	▶덕성인재 I (종합) *66명(▼36) *서류100%
	▶덕성인재 II (종합) *117명 *1단계:서류100%(4배수) *2단계:1단계60%+면접40%	▶덕성인재 II (종합) *150명(▲33) *1단계:서류100%(4배수) *2단계:1단계60%+면접40%
서류평가	▶평가요소 및 평가항목 *덕성인재 I :학업역량40%+발전역량40%+덕성역량20% *덕성인재 II :학업역량35%+발전역량40%+덕성역량25%	〈변동사항 없음〉

■선발인원

✓ 덕성인재 I (서류형)의 인원이 30% 감소하고, 덕성인재 II (면접형)전형이 25% 증가했다. 약대를 전년도에는 덕성인재 I (서류형)으로만 선발하였으나 2025학년도에는 덕성인재 II (면접형)에서만 선발한다.

■덕성인재 I (서류형)

✓ 학업역량의 비중이 40%를 차지한다. 기초학습역량을 15% 반영하고 학업성취역량을 25% 반영한다.

✓ 발전역량의 비중이 40%인데 덕성인재에서는 자기 성장 노력을 반영하지 않고 자기주도성만 40% 반영한다.

✓ 20%의 덕성역량에서는 협업 및 소통능력만 20% 반영한다.

✓ 2023학년도 합격자 평균은 3등급 초반~3등급 중반에서 형성되었다.

■ 덕성인재II(면접형)

✓ 발전역량의 비중이 40%로 제일 높다. 자기주도성을 20% 반영하고, 덕성인재I에서 반영하지 않는 자기 성장 노력을 20% 반영한다. 자기 성장 노력은 본인의 목표를 설정하고 그 목표를 위해 계획적으로 행동했는지를 평가하는 것을 의미한다.

✓ 학업역량을 35% 반영하는데 학업성취역량의 비중이 20%, 기초학습역량의 반영비율이 15%에 이르고 있다.

✓ 덕성역량에 있어서 덕성인재I에서 반영하지 않는 성실성의 비중이 10%이고 협업 및 소통능력을 15% 반영한다.

✓ 일반 학생은 1단계에서 4배수를 선발하지만 약대는 3배수를 선발한다.

✓ 2023학년도 합격자 평균은 3등급 중반대에서 형성되었다.

■ 면접평가

✓ 2인의 평가자가 10분 내외의 개별면접을 진행한다. 1단계를 통과한다면 면접의 영향력은 40%로 커지기에 낮은 교과성적을 극복할 수 있다.

✓ 서류 신뢰성의 배점이 50점인데, 지원자의 다면적 활동 및 경험을 확인한다. 종합적 사고력에서는 지원자의 다양한 시각 및 관점을 평가하여 30%의 비중으로 반영한다. 협업 및 소통능력, 성실성을 바탕으로 하는 인성은 20%가 반영된다.

동국대학교

동국대학교 학생부 교과전형 주요사항 비교		
	2024학년도	2025학년도
전형명 및 모집인원	▶학교장추천(교과) *400명	▶학교장추천(교과) *384명(▼16)
지원자격	*졸업예정자 *학교별 최대 8명 이내	〈변동사항 없음〉
전형방법	▶학교장추천(교과) *400명 *교과70%+서류종합평가30%	▶학교장추천(교과) *384명(▼16) *교과70%+서류종합평가30%
복수지원	교과와 종합전형 중복지원 가능	〈변동사항 없음〉
반영교과	*상위 10과목 −인문/영화영상:국,수,영,사,한국사 −자연:국,수,과,영,한국사	〈변동사항 없음〉
교과성적 산출방법	*전체 모집단위에 평균석차등급별 기준점수 적용 <table><tr><td>석차등급</td><td>1</td><td>2</td><td>3</td><td>4</td></tr><tr><td>기준점수</td><td>10</td><td>9.99</td><td>9.95</td><td>9.9</td></tr></table>	〈변동사항 없음〉
서류평가	▶평가요소 및 평가항목 *학업역량(50%) *전공적합성(30%) *인성 및 사회성(20%) ▶평가영역 *생기부 전 영역	▶평가영역 *생기부 교과영역 관련:교과학습발달상황, 세부능력 및 특기사항, 출결상황, 행동특성 및 종합의견
진로선택 과목	*진로선택 및 전문교과 성적반영: 정성평가 <table><tr><td>등급</td><td>A</td><td>B</td><td>C</td></tr><tr><td>환산등급</td><td>1</td><td>2</td><td>4</td></tr></table>	〈변동사항 없음〉

■추천인원

✓ 고교별 추천인원이 8명으로 다른 학교에 비하여 적은 편이다.

■반영교과

✓ 교과반영 수가 상위 10과목이기에 학교에서 발표되는 내신 산술평균에 큰 의미를 부여할 필요는 없다.

✓ 인문계열은 국어, 영어, 수학, 사회, 한국사 그리고 자연계열은 국어, 영어, 수학, 과학, 한국사를 반영한다. 나머지 전형에서는 계열 구분 없이 국어, 영어, 수학, 사회, 과학, 한국사를 반영한다. 일부 과목의 성적이 매우 좋은 경우 유리해질 수 있다.

✓ 등급간 환산점수의 차이가 1~4등급 차이가 0.1등급일 정도로 크지 않기에 대부분의 학과에서 평균과 최저성적은 0.3~0.5등급 정도의 차이밖에 나지 않는다.

✓ 이수 단위도 반영하지 않고 영향력이 크지 않기에 서류평가 30%의 영향력이 크다. 따라서 서류평가에서 돋보이는 학생들이 유리한 전형이다.

■서류평가

✓ 서류평가의 비율이 30%로 건국대의 학생부 교과전형과 매우 유사하다.

✓ 서류 평가영역이 생기부 전 영역에서 생기부 교과영역으로 축소되었다. 생기부 교과영역 관련에서는 교과학습발달상황, 세부능력 및 특기사항, 출결상황, 행동특성 및 종합의견이 포함된다.

✓ 학업역량은 50%를 반영하는데 기초학업역량, 학습의 주도성을 평가한다. 전공 적합성의 반영비율은 30%인데 전공 수학역량, 전공관심도 및 진로탐색 노력을 중시한다. 20%를 반영하는 인성 및 사회성은 역할의 주도성, 협업소통능력을 살펴본다.

■수능최저학력기준

✓ 건국대와 비슷하게 교과전형에서 수능최저기준을 반영하지 않는다. 건국대와 마찬가지로 서류종합평가를 반영하여 교과의 정량평가보다 정성평가의 영향력이 크게 미치는 대표적인 대학이다.

동국대학교 학생부 종합전형 주요사항 비교		
	2024학년도	2025학년도
전형명 및 모집인원	▶Do Dream(종합) *500명	▶Do Dream(종합) *507명(▲7)
	▶Do Dream(소프트웨어) *64명	▶Do Dream(소프트웨어)(종합) *64명
전형방법	▶Do Dream(종합) *500명 *1단계:서류100(3.5~4배수) *2단계:1단계70+면접30	▶Do Dream(종합) *507명(▲7) *1단계:서류100(3.5~4배수) *2단계:1단계70+면접30
	▶ Do Dream(소프트웨어) *64명 *1단계:서류100(3.5~4배수) *2단계:1단계70+면접30	〈변동사항 없음〉
서류평가	▶평가요소 및 평가항목 *Do Dream:학업역량30%+ 전공적합성50%+공동체역량20% *Do Dream(소프트웨어):학업역량 25%+전공적합성55%+공동체역량 20%	〈변동사항 없음〉

■전형방법

✓동국대 입시는 몇 년째 큰 변화가 없어 좋게 말해 안정성이 높다고 할 수 있다.

✓Do Dream 종합전형에서 경영학과, 전자전기공학부, 정보통신공학과는 1단계에서 3.5배수를 선발하고, 이를 제외한 전 모집단위는 4배수를 선발한다.

✓Do Dream 소프트웨어는 AI융합대학에서 AI소프트웨어융합학부에서 64명을 모집한다. 1단계에서 2.5배수를 선발하고 2단계에서 면접을 30% 반영한다.

■전공적합성 중시

✓ 서류평가에서 전공적합성의 반영비율이 50%로 지원 경향이 유사한 건국대 (40%), 경희대(30%), 홍익대(40%)에 비해 높다.

✓ 단순히 높은 등급보다도 전공 관련 과목 개별 성적의 변화 정도와 개별 체험활동의 전공 구체성을 깊이 있게 확인한다. 즉 지원모집 단위에 대한 준비가 잘되어 있는 경우에 합격의 가능성이 높게 나타난다.

■서류평가

✓ 전공 적합성에서 평가하려는 것은 전공 수학역량으로 전공 관련 교과목의 학업성취도와 이수 내용이다. 전공관심도 및 진로탐색 노력에서는 진로탐색활동과 탐구활동 과정, 그리고 전공 관련 활동과 경험을 주시한다.

✓ 학생부 위주 전형 가이드북을 통해 전공 관련 교과 영역 및 계열별 특성에 따라 전공 관련 교과영역의 이수 현황에 대한 분석결과를 안내하고 있으므로 해당 자료를 적극적으로 살필 필요가 있다.

■면접평가

✓ 면접에서도 전공 적합성의 비중이 30%이고 전형 취지 적합성 20%, 발전 가능성 20%, 그리고 인성 및 사회성을 30% 반영한다.

✓ 고교 교과목 이수 내용 속에서 전공 적합성을 높이기 위한 노력을 확인한다. 교과목을 체계적이고 신중하게 선택해 좋은 결과를 얻기 위해 최선을 다했다는 인상을 주면 높이 평가된다.

동덕여자대학교

동덕여자대학교 학생부 교과전형 주요사항 비교		
	2024학년도	2025학년도
전형명 및 모집인원	▶학생부 교과우수자(교과) *189명	▶학생부 교과우수자(교과) *182명(▼7)
지원자격	*학교장추천을 받은 자 *추천 인원 제한 없음	〈변동사항 없음〉
전형방법	▶학생부 교과우수자(교과) *189명 *교과100%	▶학생부 교과우수자(교과) *182명(▼7) *교과100%
반영교과	*공통/일반선택:석차등급 –인문:국,수,영,사 전과목 –자연:국,수,영,과 전과목	〈변동사항 없음〉
교과성적 산출방법	*전체 모집단위에 평균석차등급별 기준점수 적용 석차등급 1 2 3 4 기준점수 100 98 95 91	〈변동사항 없음〉
수능최저 학력기준	[인문,자연]국수영탐(1) 중 2개 합7 *국어,수학,탐구 선택과목 무관 [약학]국수(미/기)과(1) 중 3개 합6 *국어는 선택과목 무관, 탐구는 과학만 가능	〈변동사항 없음〉

교과성적 산출방법 표:

석차등급	1	2	3	4
기준점수	100	98	95	91

■모집인원

✓ 2024년도에 40% 정도 감축되어 189명을 선발했는데, 2025학년도에는 7명이 감소한 182명을 선발한다.

✓ 다른 대학과 비교하여 학교장추천 여부와 수능최저기준 반영 여부를 비교하여 지원해야 한다.

■반영교과

✓ 인문은 국어, 영어, 수학, 사회 전 교과를 반영하고, 자연은 국어, 영어, 수학, 과학 전 교과를 반영한다. 석차등급은 모든 학년 동일한 비율로 반영한다.

■수능최저학력기준

✓ 수능최저기준이 2개 합7등급으로 부담을 줄 수도 있지만, 경쟁률이 줄어들기도 한다. 수능최저가 충족되면 실질 경쟁률은 크게 낮아지기에 경쟁률에 대한 부담을 낮출 수 있다.

✓ 다른 경쟁 여자대학들도 2개 합7등급이기에 반영교과와 교과성적을 산출하여 유리한 대학에 적극 지원을 고려해야 한다.

✓ 일반학과는 수학이 선택과목이 아니지만, 약학과는 미분과 적분, 기하 중에 선택해야 한다.

■성적 분포

✓ 정량평가로 진행되기에 전년도 입시 결과를 활용이 중요하다. 자신의 학생부 교과 등급과 비교해 보며 합격선을 예측해 볼 수 있다.

✓ 2등급 후반에서 3등급 초반의 합격자 성적분포를 보이고 있다. 약학과는 평균 1.2등급 정도로 나타나고 있다.

동덕여자대학교 학생부 종합전형 주요사항 비교		
	2024학년도	2025학년도
전형명 및 모집인원	▶동덕창의리더(종합) *185명	〈변동사항 없음〉
전형방법	▶동덕창의리더(종합) *185명 *1단계:서류100%(3배수) *2단계:1단계40%+면접60%	〈변동사항 없음〉
서류평가	▶평가요소 및 평가항목 *학업역량30%:학업성취도,학업태도,탐구력 *진로역량50%:계열 관련 교과이수 노력, 계열 관련 교과 성취도, 진로 탐색 활동과 경험 *공동체역량20%:협역과 소통능력, 나눔과 배려,성실성과 규칙준수, 리더십	〈변동사항 없음〉
수능최저 학력기준	[약학]국수(미기)탐구(1) 중 3개 합6 *탐구는 과학만 가능	〈변동사항 없음〉

■동덕창의리더

✓학업역량, 진로역량, 공동체역량에 의거하여 학생부 전체를 근거로 정성적으로 평가한다.

✓동덕창의리더의 1단계에서 모집하는 인원의 3배수를 선발하고 2단계에서 면접을 실시한다. 면접의 비중이 60%로 매우 높은 편이므로 면접을 철저하게 준비해야 가능성이 높게 나타난다.

■ **서류평가**

✓ 진로역량의 비중이 가장 높은 50%를 반영하는데 계열 관련 교과 이수 노력, 진로탐색 활동과 경험을 평가하며, 30%를 반영하는 학업역량에서는 탐구력만 평가한다. 공동체역량에서는 협업과 소통능력, 나눔과 배려를 평가한다.

■ **면접평가**

✓ 제출된 서류에 대한 사실 여부 및 지원 전공에 대한 적성, 소양 등을 확인하는 면접으로 진행된다.

✓ 10분 내외로 실시되면 2명의 평가자가 1명의 지원자를 평가한다. 본인의 생기부를 잘 숙지하는 것이 필수적이다.

✓ 서류평가와 동일한 3개의 영역에 의거하여 평가한다. 학업역량에서는 탐구력만 평가하고 진로역량에서는 전공 관련 교과 성취도만 평가에서 제외된다.

✓ '대학교에서의 학업계획'을 묻는 단골 질문이기 때문에 각 학과에서 배우는 내용 및 커리큘럼에 대해서는 숙지할 필요가 있다.

■ **수능최저학력기준**

✓ 동덕창의리더전형에서 일반학과는 수능최저기준을 반영하지 않고, 약학과에서만 수능최저기준을 반영한다. 수학은 미분과 적분, 기하 중에서 1과목을 택해야 하고 탐구는 과학만 가능하다. 3개 영역 합6등급을 요구한다.

명지대학교

	명지대학교 학생부 교과전형 주요사항 비교	
	2024학년도	**2025학년도**
전형명 및 모집인원	▶학교장추천(교과) *292명 ▶교과면접(교과) *286명	▶학교장추천(교과) *292명 ▶교과면접(교과) *286명
지원자격	*학교별 최대 20명 이내	〈변동사항 없음〉
전형방법	▶학교장추천(교과) *292명 *교과100% ▶교과면접(교과) *286명 *1단계:서류100%(5배수) *2단계:1단계70%+면접30%	▶학교장추천(교과) *292명 *교과100% 〈변동사항 없음〉
반영교과	−인문:국,수,영,사 모든 교과목 −자연:국,수,영,과 모든 교과목	〈변동사항 없음〉
교과성적 산출방법	*전체 모집단위에 평균석차등급별 기준점수 적용 석차등급 | 1 | 2 | 3 | 4 기준점수 | 100 | 99 | 97 | 94	석차등급 | 1 | 2 | 3 | 4 기준점수 | 100 | 99 | 98 | 94
진로선택 과목	*진로선택:등급별 기준점수 성취도 | A | B | C 환산등급 | 1 | 2 | 4	〈변동사항 없음〉
수능최저 학력기준	미적용	미적용

■면접평가

✓ 5분 내외의 개별면접으로 면접 전 20분 정도 면접 기초자료를 작성한다. 면접 기초자료는 평가점수로 반영되지 않고 참고자료로만 활용된다.

✓ 1단계에서 학생간 성적편차가 크지 않기에 면접고사의 영향력이 크게 나타난다.

✓ 면접 기초자료 문항은 본인의 취약한 역량을 극복하기 위한 방안, 중요한 역량에 대해 수행한 활동, 학업과정에서 성취한 사례 등에 대한 서술이 요구된다.

✓ 면접에서 공동체역량, 진로역량, 의사소통능력을 반영한다. 진로역량은 진로에 대한 관심과 이해, 진로 관련 활동과 경험을 주시한다.

■진로선택과목

✓ 진로선택과목 성취도 B와 C사이에 등급차가 벌어지기에 C가 많을 경우 지원에 신중을 기할 필요가 있다.

✓ 인문계는 국어, 수학, 영어, 사회(한국사), 자연계는 국어, 수학, 영어, 과학 교과 전과목을 반영하는데 반영교과 전과목의 성취도 및 이수단위를 반영한다.

■합격자 평균

✓ 학교장 추천의 합격자 평균이 2등급 중반~3등급 초반에서 형성되었다. 교과면접의 경우에는 2등급 초반~2등급 중반에서 형성되었다.

✓ 추가합격 인원에 따라 학과별 최저합격점에 변동이 발생하기에 평균성적을 확인하면서 지원하는 것이 도움이 된다.

명지대학교 학생부 종합전형 주요사항 비교		
	2024학년도	**2025학년도**
전형명 및 모집인원	▶명지인재면접 *376명	▶명지인재면접 *376명
	▶명지인재서류 *251명	▶명지인재서류 *251명
전형방법	▶명지인재면접 *376명 *1단계:서류100%(4배수) *2단계:1단계70%+면접30%	〈변동사항 없음〉
	▶명지인재서류 *251명 *서류100%	〈변동사항 없음〉
서류평가	▶평가요소 및 평가항목 *명지인재면접:인성20%+발전가능성30%+전공적합성30%+학업역량20% *명지인재서류:인성20%+발전가능성20%+전공적합성30%+학업역량30%	〈변동사항 없▶평가요소 및 평가항목 *명지인재면접:공동체역량+진로역량+학업역량 *명지인재서류:공동체역량+진로역량+학업역량〉

■ 서류평가 요소 변경

✓ 인성, 발전가능성, 전공적합성, 학업능력을 중점적으로 반영했던 2024학년도에 비해, 2025학년도에는 공동체역량, 진로역량, 학업역량을 반영하는 것으로 변경되었다.

■ 명지인재 면접

✓ 2024학년도 명지인재 면접은 〈인성 20%+발전가능성 30%+전공적합성 30%+학업역량 20%〉를 반영하여 선발하였다.

✓ 학종면접에서는 2024학년도에는 인성, 전공적합성, 의사소통능력을 반영했는데 2025학년도에는 공동체역량, 진로역량, 발전가능성을 중점적으로 주시한다.

✓ 학업역량이 다소 부족하더라도 발전 가능성을 어필할 수 있고 면접을 통해 자신의 역량을 자신있게 드러낼 수 있는 경우 유리하게 작용한다.

✓합격자 등급 분포가 넓고 지원 경쟁률이 높게 나타났다. 합격자 평균이 3등급 중반에서 4등급 중반까지 분포를 보였다.

■ **명지인재 서류**

✓지원학과에 관한 탐색과 탐색 과정이 서류에서 파악될 수 있는 학생들에게 적합한 전형이다.

✓교과성적이 우수하나 면접에 대한 부담이 있는 경우 적극 관심을 가질 필요가 있다.

✓명지인재 서류전형에서는 공동체역량, 학업역량, 진로역량을 제출서류를 기반으로 종합적으로 평가한다.

✓합격자 등급 분포가 좁고 높게 나타난다. 2등급 말에서 3등급 초반, 중반까지 평균 등급이 분포되어 있다.

삼육대학교

삼육대학교 학생부 교과전형 주요사항 비교		
	2024학년도	**2025학년도**
전형명 및 모집인원	▶학교장추천(교과) *151명 ▶일반(교과) *2명	▶학교장추천(교과) *181명(▲30)
전형방법	▶학교장추천 *151명 *교과100% ▶일반(교과) *2명 *1단계:학생부100%(5배수) *2단계:1단계60%+면접40%	▶학교장추천(교과) *181명(▲30) *교과100%
반영교과	*일반전형:국,수,영,탐구 중 3개 교과 전과목 *학교장추천:국,수,영,탐구 교과 전과목	*학교장추천:국,영,수,탐구 전 교과목을 동일 비율로 반영
교과성적 산출방법	*전체 모집단위에 평균석차등급별 기준점수 적용	

석차등급	1	2	3	4
일반/학교장	100/100	99.5/99	99/98	98.5/96.5

석차등급	1	2	3	4
학교장	100	99	98	96.5

| **진로선택 과목** | *진로선택:성취도 | |

성취도	A	B	C
등급	−1	−3	−5

성취도	A	B	C
배점	100	96.5	80

| **수능최저 학력기준** | *학교장추천
[인문/자연]국수영탐(1)중 2개 합7
[간호,물치]국수영탐(1) 중 2개 합6
[약학]국수(미/기)영과(1) 중 3개 합5
*일반
[약학]국수(미/기)영과(1) 중 3개 합5 | 〈변동사항 없음〉 |

■ 모집인원 변동

✓ 일반전형이 폐지되고 학교장추천이 30명이 증가한 181명을 모집한다.

✓ 학교장추천 전형은 출신 고등학교장의 추천을 받아야 하지만, 고교별 추천 인원의 제한은 없다.

■ 반영교과

✓ 학교장추천은 국어, 영어, 수학, 탐구(사회, 과학) 교과 중 전과목을 반영한다.

✓ 진로선택과목은 A는 100, B는 96.5, C는 80점을 반영한다. 모든 반영 교과 내 성취도가 가장 높은 3과목을 반영한다.

■ 면접평가

✓ 제시문은 고교 교육과정 지식이 아닌 상식, 사회적 이슈를 활용한 문항으로 정답을 요구하기보다는 자신의 의견, 해결방안을 논리적으로 설명하면 좋은 평가를 받을 수 있다.

✓ 기본소양의 반영비율이 60%로 사회성/성실성/문제이해력/어휘력/태도를 살펴보고, 전공 소양은 40%를 반영하는데, 전공에 대한 관심과 이해도/전공 선택 동기를 중시한다.

■ 합격자 평균

✓ 간호학과와 물리치료학과가 2등급 초반~중반에서 형성되었다. 나머지 학과는 3등급 중반에서 4등급 초반까지 분포되어 있는 것을 찾아볼 수 있다.

삼육대학교 학생부 종합전형 주요사항 비교		
	2024학년도	**2025학년도**
전형명 및 모집인원	▶세움인재(종합) *199명	▶세움인재(종합) *211명(▲12)
	▶SW인재(종합) *30명	〈변동사항 없음〉
	▶재림교회목회자추천(종합) *92명	▶재림교회목회자추천(종합) *98명(▲6)
전형방법	▶세움인재(종합) *199명 *1단계:서류100%(4배수) *2단계:1단계60%+면접40%	▶세움인재(종합) *211명(▲12) *1단계:서류100%(4배수) *2단계:1단계60%+면접40%
	▶SW인재(종합) *30명 *1단계:서류100%(4배수) *2단계:1단계60%+면접40%	〈변동사항 없음〉
	▶재림교회목회자추천(종합) *92명 *1단계:서류100%(4배수) *2단계:1단계60%+면접40%	▶재림교회목회자추천(종합) *98명(▲6) *1단계:서류100%(4배수) *2단계:1단계60%+면접40%
서류평가	▶평가요소 및 평가항목 *학업역량20%+전공적합성30%+ 발전가능성30%+인성20%	*세움인재:학업역량,진로역량,공동체 역량 *재림교회목회자:학업역량,진로역량, 공동체역량(전형취지적합성)
수능최저 학력기준	*재림교회목회자 [인문/자연]국수영탐(1) 중 1개 4 [간호,물치]국수영탐(1) 중 1개 3 [약학]국수(미/기)영과(1) 중 3개 합5 *세움인재 [약학]국수(미/기)영과(1) 중 3개 합5	〈변동사항 없음〉

■ 선발인원 증가

✓ 삼육대의 학종 대표전형인 세움인재전형에서 12명이 증가한 211명을 모집하고, 재림교회 목회자 추천에서는 6명이 증가한 98명을 선발한다.

■ 서류평가

✓ 세움인재전형의 서류평가에서는 학생부를 바탕으로 학업역량, 진로역량, 공동체역량을 종합적으로 평가한다.

✓ 재림교회 목회자전형에서도 학업역량, 진로역량, 공동체역량을 반영하는데 공동체역량에서는 전형 취지 적합성을 살펴본다.

■ 면접평가

✓ 제시문 기반의 교과 면접과는 달리 종합전형 면접은 제시문 없이 학생부를 기반으로 서류평가 내용을 확인하는 방식이다.

✓ 8분 이내로 진행되는 면접은 40%가 반영되는데 면접의 비중이 높은 편이라고 분석된다.

■ 합격자 평균

✓ 70%컷이 간호학과는 2등급 후반, 물리치료는 3등급 초반에서 형성되었다.

✓ 영어영문, 글로벌한국, 사회복지, 인공지능과 같은 학과들의 70%컷은 4등급 초반에서 4등급 중반까지 분포되었다.

■ 수능최저기준

✓ 약학과는 재림교회 목회자 추천과 세움인재에서 수능최저기준을 반영하는데 국어, 수학(미/기), 영어, 과학(1) 중 3개 합5등급을 요구한다.

상명대학교

	상명대학교 학생부 교과전형 주요사항 비교	
	2024학년도	**2025학년도**
전형명 및 모집인원	▶고교추천(교과) *349명	▶고교추천(교과) *349명
	▶고교추천(국가안보) *19명	〈변동사항 없음〉
지원자격	*졸업예정자 *고교 재학인원의 5%이내	〈변동사항 없음〉
전형방법	▶고교추천(교과) *349명 *교과100%	▶고교추천(교과) *349명 *교과100%
	▶고교추천(국가안보) *19명 *교과80%+체력검정20%	〈변동사항 없음〉
반영교과	*공통/일반선택(85%):석차등급 -전학년 전과목 반영 *진로선택(15%):진로선택과목 중 우수 최대 3과목	〈변동사항 없음〉
교과성적 산출방법	*전체 모집단위에 평균석차등급별 기준점수 적용	〈변동사항 없음〉
진로선택 과목	*진로선택:상위 3과목 반영	〈변동사항 없음〉
수능최저 학력기준	*국수영탐(1) 중 2개 합7 (국가안보 제외)	〈변동사항 없음〉

교과성적 산출방법 표:

석차등급	1	2	3	4
기준점수	100	98	96	94

진로선택 과목 표:

성취도	A	B	C
환산점수	100	96	90

■높은 안정성

✓ 전형 안정성이 높은 대학으로 2025학년도에도 선발인원, 전형방법, 교과성적 선출방법, 수능최저학력기준 등에서 전혀 변화가 없는 기조가 유지되고 있다.

■추천인원

✓ 학교장의 추천이 필요하고 고교별 추천 인원은 5% 이내이다.

■교과반영

✓ 2024학년도부터 전과목을 반영하기에 경쟁률이 제법 하락했음에도 입시 결과는 낮아지지 않았는데 이를 참조하여 2025학년도 입시에 대응할 필요가 있다.

✓ 진로선택 과목 중 우수 최대 3과목 성적을 반영한다. 동일한 성취 등급을 취득한 과목의 경우 이수 단위 수가 많은 과목을 우선적으로 반영한다.

■면접 없음

✓ 교과전형은 면접이 없는 일괄선발전형이고, 국가안보학과도 교과 80%에 면접을 20% 반영하고 신체검사는 합격·불합격만 판정한다.

■지원 기준 대학

✓ 덕성여대, 동덕여대, 서울과기대, 서울여대는 상명대와 같은 2 합7을 요구하기에 수능최저기준을 기준으로 지원을 고려해 볼 수 있다.

✓ 수능최저기준이 없는 대학은 광운대, 덕성여대, 명지대이기에 입시 결과가 약간 높은 것을 고려하여 지원을 검토해 볼 수 있다.

■평균 입시 결과

✓ 합격자 성적이 가장 높았던 학과는 국어교육과가 평균 2.3등급이었고, 자연계열에서 수학교육과가 2.42등급이었다.

✓ 합격자 성적이 가장 낮았던 학과는 인문에서 지적재산권전공이 2.96으로 가장 낮았고, 자연계열에서는 핀테크, 빅데이터융합, 스마트생산학과로 3.14였다.

상명대학교 학생부 종합전형 주요사항 비교		
	2024학년도	2025학년도
전형명 및 모집인원	▶상명인재전형(종합) *263명	▶상명인재전형(종합) *159명(▼104)
전형방법	▶상명인재전형(종합) *244명 *서류평가100%	▶상명인재전형(종합) *159명(▼104) *서류평가100%
서류평가	▶평가요소 및 평가항목 *인성25%(성실성15%+공동체의식10%)+전공적합성50%(학업역량20%+전공적성30%)+발전가능성25%(자기주도성10%+실천능력15%)	▶평가요소 및 평가항목 *인성25%(성실성15%+공동체의식10%)+전공적합성50%(학업역량20%+전공적성30%)+발전가능성25%(자기주도성10%+실천능력15%)
면접평가	▶면접평가항목 *전공적합성50%(전공적성+전공기초소양)+발전가능성25%(자기주도성 및 실천능력)+인성25%(사회성 및 합리적 사고력)	▶면접평가항목 *전공적합성50%(전공적성+전공기초소양)+발전가능성25%(자기주도성 및 실천능력)+인성25%(사회성 및 합리적 사고력)

■ **서류평가**

✓ 지원자 및 합격자 대부분이 일반고로 교과성적이 '합불'에 미치는 영향력이 결코 적지 않다.

✓ 전공 적합성의 비중이 가장 높은 50%를 차지하는데 학업역량 20%, 전공적성 30%를 반영한다.

✓ 발전 가능성의 비중이 인성과 같은 25%인데, 자기주도성을 10%, 실천능력을 15% 반영한다.

■ **면접평가**

✓ 서류평가와 비슷하게 전공 적합성의 비율이 50%로 가장 높고, 인성과 발전 가능성이 각각 25%씩 반영된다.

✓서류평가와는 평가항목이 다른데 전공 적합성에서는 전공적성과 전공 기초소양을 평가하고 인성에서는 사회성 및 합리적 사고력을 높이 평가한다.

※전공 기초소양

−정보사회와 관련된 글쓰기 활동에서 정보사회 진전에 대해 낙관적인 전망을 펼쳤다고 기록되어 있는데, 그렇다면 정보통신 기술의 발전이 미술사에 어떤 영향을 미칠 것으로 생각되나요?

※사회성 및 합리적 사고력

−동아리활동에서 부원들 간의 갈등을 합리적으로 해결한 경험이 있는데, 이 경험에 대해 말해보세요.

■비슷한 수준의 대학

✓비슷한 수준의 대학에서 면접 비중이 높은 대학은 동덕여대, 서울여대, 덕성여대 등이 있다. 면접 비중이 낮은 대학은 광운참빛인재Ⅰ, 명지인재면접, 서울과기대 창의융합인재가 있으므로 이를 고려한 지원이 필요하다.

■평균 입시 결과

✓합격자 성적이 가장 높았던 학과는 국어교육과가 평균 2.84등급이었고, 자연계열에서 생명공학과가 2.86등급이었다.

✓합격자 성적이 가장 낮았던 학과는 인문에서 글로벌경영이 3.67으로 가장 낮았고, 자연계열에서는 전기공학과 3.67이었다.

✓단 2023학년도에는 면접이 포함되었기 때문에 서류 100%로 선발하는 2024학년도부터는 합격자 성적이 소폭 상승할 가능성을 염두에 두어야 한다.

서강대학교

2025학년도 서강대학교 학생부 교과전형 주요사항 비교		
	2024학년도	**2025학년도**
전형명 및 모집인원	▶지역균형(교과) *178명	▶지역균형(교과) *178명
지원자격	*고교별 최대 추천 20명	〈변동사항 없음〉
전형방법	▶학생부100% (교과90%+비교과10%)	〈변동사항 없음〉
반영방법	석차등급, 성취도 및 성취비율 부여되는 전과목반영	〈변동사항 없음〉
진로선택 과목	*성취도 및 성취비율 (성취등급 미부여) *배점 100	〈변동사항 없음〉
수능최저 학력기준	*학교장추천 국,수,영,탐(1) 중 3개 합3등급, 한국사 4등급	〈변동사항 없음〉

▪전년도의 기조 유지

✓2024학년도에 비하여 전형이나 선발인원에 변화가 없다. 추천 인원도 10명에서 20명으로 확대한 기조가 그대로 유지된다.

▪낮은 수능최저학력기준

✓연세대도 2025학년도 교과전형에서 수능최저학력기준를 부과하기에 서울대, 연세대, 고려대의 수능최저기준이 부담스러운 내신 극강의 학생들이 수능최저기준이 가장 낮은 서강대 교과로 몰릴 가능성이 높아졌다.

✓심지어 한양대가 내신이 극강이지만, 수능최저기준을 충족하지 못하는 학생들

의 관심이 높은 대학인데, 2025학년부터 교과전형에 수능최저기준을 부과하기에 수능이 약한 학생들은 교과전형에서 서강대밖에는 선택의 여지가 없어졌다.

✓ 상위권 대학에서 수능최저기준을 충족하지 못할 것으로 예상되는 경우 서강대에 더욱 관심이 높아질 것으로 예상된다. 하지만 수능최저기준의 완화로 입시 결과가 높아졌음을 고려해야 한다.

■수능 선택과목 제한 폐지

✓ 2024학년도부터 수학, 탐구에서 선택과목 제한을 폐지했다. 즉 자연계 모집단위에서 미적분/기하나 과탐에 가산점을 부과하지 않기에 확률과 통계를 선택할 수 있고 사탐선택도 가능하다.

✓ 연세대나 성균관대가 2025학년도부터 필수 응시영역 제한을 폐지하기에 지원자 풀의 변화를 주시할 필요가 있다.

■교과 반영방법

✓ 공통과목과 일반선택과목이 전 교과가 반영되기에 주요 교과가 아니라도 소홀히 하면 불리하게 작용한다.

✓ 진로선택과목은 다양한 과목을 듣고 진로를 개척해 나가는 학생들에게 유리하도록 변경되었다. 2024학년도부터 변경된 성취도 비율계산방식이 2025학년도에도 그대로 유지된다.

✓ 난도 높은 과목에 도전하거나 이수한 진로선택과목의 과목 수가 많을수록 최종점수가 올라가 100점 만점자의 비율이 높아지기에 진로선택과목의 영향력이 약화될 것으로 보인다.

서강대학교 학생부 종합전형 주요사항 비교		
	2024학년도	**2025학년도**
전형명 및 모집인원	▶일반(종합) *558명	▶일반(종합) *558명
전형방법	▶일반(종합) *558명 *서류100%	▶일반(종합) *558명 *서류100%
서류평가	▶평가방법 및 내용 *학업역량(50%):성취수준(40%)+창의적 문제해결력(10%) *공동체역량(20%) *성장가능성(30%)	*학업역량:학업성취도,탐구능력,융합능력,창의적 문제해결력 *공동체역량:리더십,소통과 협업능력,규칙준수,나눔과 배려 *성장가능성:자기주도성,교과이수 과정과 성취도, 경험에 대한 개방성, 목표에 대한 지속성
수능최저 학력기준	미반영	〈변동사항 없음〉

■전공 적합성 미평가

✔ 서강대는 학종에서 전공 적합성을 평가하지 않는 대표적인 대학이기에 평가항목에 전공 적합성이나 계열 적합성, 진로역량이란 표현을 사용하지 않고 넓게 바라보고 평가한다.

✔ 모든 전형에서 교차지원이 가능할 정도로 융합형 인재 양성을 목표로 하기에 다양한 영역에서 활동하면서 얻은 역량과 성장한 결과를 높이 평가한다는 것을 주시해야 한다.

■서류평가

✔ 서류평가에서 진로역량이나 전공 적합성의 표현을 사용하기보다는 넓은 의미인 성장 가능성을 사용한다. 서강대가 계열, 전공, 인원, 학점에 관계 없이 원하는 전공을 이수할 수 있는 다전공제도를 운영하는 특성을 중시하기 때문이다.

✓특정 전공 관련 활동 여부보다는 본인의 전공과 진로를 탐색해 나가는 과정을 통해 성장할 가능성이 있는지를 중요하게 평가한다.

■학업역량 50%

✓교과성적의 절댓값으로 읽어낼 수 없는 과목별 원점수, 평균, 표준편차, 이수자수, 성취도 및 성취비율을 관심 있게 살펴본다.
✓세부능력 및 특기사항, 창의적체험활동 상황 등 학생부의 여러 영역에 기재된 내용을 토대로 학업을 수행해온 과정 결과를 세밀하게 평가한다.

■성장 가능성을 높게 평가

✓30%를 반영하는 성장 가능성에서 높게 평가되는 것이 중요하다.
✓교과 이수 과정과 성취도가 성장 가능성에 포함된다. 자신의 상황을 잘 이해하고 과목을 선택했는지, 좀더 도전적인 선택을 했는지, 위계에 맞는 과목을 선택하여 발전하고 노력했는지가 의미 있게 평가된다.
✓성장 가능성의 측면에서 전공과 연계한 특정 과목 이수보다는 모든 활동이 학생 개인의 발전에 도움이 되었는가에 주목하여 평가한다.

■과목 선택과정 중시

✓학교에 개설된 과목 안에서 자신의 상황을 정확히 이해하고 이수과목을 선택해 나갔는지 주목한다.
✓과목을 선택하는데 있어서 위계에 맞게 이수 과정을 밟아 갔는지, 쉬운 과목을 지양하고 발전 지향적으로 도전의식을 보였는지를 살펴본다.
✓학생이 스스로 어떤 선택의 과정을 거쳤고, 어떤 성취도로 이어졌는지에 관심을 두기에 어려운 과목을 많이 이수했다고 유리하다고는 볼 수 없다.

서울과학기술대학교

서울과학기술대학교 학생부 교과전형 주요사항 비교		
	2024학년도	2025학년도
전형명 및 모집인원	▶고교추천(교과) *419명	▶고교추천(교과) *429명(▲10)
지원자격	*졸업예정자 *학교별 최대 10명 이내	*학교장의 추천을 받은 자
전형방법	▶고교추천(교과) *419명 *교과100%	▶고교추천(교과) *429명(▲10) *교과100%
반영교과	*공통/일반선택(90%):석차등급 -인문:국,수,영,사,한국사 전과목 -자연:국,수,영,과 -건축학부(건축학):국,수,영,사,과, 한국사 *진로선택(10%):성취도 -국어,수학,영어,사회,과학 전과목	〈변동사항 없음〉
교과성적 산출방법	*전체 모집단위에 평균석차등급별 기준점수 적용 <table><tr><td>석차등급</td><td>1</td><td>2</td><td>3</td><td>4</td></tr><tr><td>기준점수</td><td>1,000</td><td>990</td><td>980</td><td>970</td></tr></table>	〈변동사항 없음〉
진로선택 과목	*진로선택:성취도 활용 <table><tr><td>성취도</td><td>A</td><td>B</td><td>C</td></tr><tr><td>환산점수</td><td>5점</td><td>3점</td><td>1점</td></tr></table>	<table><tr><td>성취도</td><td>A</td><td>B</td><td>C</td></tr><tr><td>환산점수</td><td>1</td><td>3</td><td>5</td></tr></table>
수능최저 학력기준	[인문/건축(건축학전공)] 국수영탐(1) 중 2개 합7 [자연]국수(미/기)영과(1)중 2개 합7	국수영탐(1)중 2개 합7

■추천인원 폐지

✓ 계열 구분 없이 최대 10명을 추천을 요구했는데, 2025학년도부터는 추천인원에 제한을 두지 않는다.

■고교추천

✓ 교과 100%의 일관 합산 방식이기에 면접에 대한 부담이 없고 교과성적 관리를 꾸준히 해온 학생에게 적합하다.

■교과반영

✓ 공통과목과 일반선택과목의 학생부 교과성적을 이수단위로 계산해 점수를 산출해 반영한다. 반영 교과는 모집단위별로 다르다.

■진로선택과목

✓ 진로선택과목 반영에서 인문계는 전과목 중 상위 성취도 3과목 성취도별 환산점수 평균을 반영한다.

✓ 자연계는 지정 교과인 기하, 물리학Ⅱ, 화학Ⅱ, 생명과학Ⅱ, 지구과학Ⅱ 중 2과목 이상 이수한 지원자를 대상으로 한다.

✓ 지정 교과 중 상위 성취도 2과목을 반영하고 기타 진로선택과목 중에서 최상위 성취도 1과목의 가산점을 산출한다.

■수능최저학력기준

✓ 수능최저기준 충족률이 90%에 이르고 있다.

✓ 건축학전공은 계열 구분 없이 통합모집한다.

✓ 수능최저기준이 2개 합7이기에 자연계 학생들의 관심도가 높아지고 있다.

■입시 결과

✓ 2023 합격자의 교과 평균 성적은 2.19등급이었다. 합격자의 70%의 성적분포는 1.77~2.69등급이었다.

서울과학기술대학교 학생부 종합전형 주요사항 비교		
	2024학년도	**2025학년도**
전형명 및 모집인원	▶학교생활우수자(종합) *407명	▶학교생활우수자(종합) *438명(▲31)
	▶창의융합인재(종합) *57명	▶창의융합인재 (종합) *57명 *소속학과(인공지능응용학과/지능형 반도체공학과/미래에너지융합학과)
전형방법	▶학교생활우수자(종합) *408명 *1단계:서류100%(3배수) *2단계:1단계50%+면접50%	▶학교생활우수자(종합) *438명(▲31) *1단계:서류100%(3배수) *2단계:1단계50%+면접50%
	▶창의융합인재(종합) *57명 *1단계:서류100%(3배수) *2단계:1단계50%+면접50%	▶창의융합인재 (종합) *57명 *1단계:서류100%(3배수) *2단계:1단계50%+면접50%
서류평가	▶평가요소 및 평가항목 *학업역량35% (학업성취도/학업태도/탐구력)+ *진로역량45% (계열관련 교과 이수노력/계열관련 교과성취도/진로탐색 활동과 경험)+ *공동체역량20% (협업과 소통능력/나눔과 배려/ 성실성과 규칙준수/리더십)	〈변동사항 없음〉

■서류전형 평가

✓활동의 결과보다는 준비과정 및 노력, 활동 이후의 변화 등을 중심으로 평가한다.

✓진로역량의 비중이 가장 높은 45%를 보이고 있는데, 전공(계열) 관련 교과 이수노력, 전공(계열) 관련 교과성취도, 그리고 진로탐색활동과 경험을 평가한다.

■ **창의융합인재전형**

✓ 원래 첨단인재전형이었는데 전형 취지를 반영해 창의융합인재로 변경된 전형이다. 이 전형에 인공지능응용학과, 지능형반도체공학과, 미래에너지융합학과가 소속되어 있다.

✓ 첨단분야에 관심과 역량을 갖춘 학생을 육성하는데 목표를 두고 있다. 그렇기에 특별한 실적을 준비하기보다는 수학적/과학적 역량이 충분하고 관련 교과 활동과 성취과정이 있는 학생이 유리하다.

■ **면접**

✓ 제출서류의 내용과 관련한 질문과 기원 전공에 대한 기본소양을 확인하는 10분 내외의 개별면접이 진행된다.

✓ 서류평가의 평가요소와 반영비율이 진로역량만 제외하고 미세한 차이가 있다. 진로역량이 가장 반영비율이 높아 40%를 반영하고 학업역량은 똑같이 35%를 반영한다.

✓ 학업역량의 평가항목에서 문제파악 능력이 추가되고, 진로역량에서는 창의적 사고력과 판단력이 포함된다.

■ **입시 결과**

✓ 2023 합격자의 교과평균성적은 3.19등급이었다. 합격자 성적은 2.15~3.95등급 정도에서 분포되어 있다.

✓ 3등급대의 입시 결과가 나오는 학과는 특목·자사고이기에 유념할 필요가 있다.

✓ 정시 입결이 '국민대 숭실대' 다음으로 나올 정도로 자연계열 수험생들에게 인기가 있다. 인문 일부 학과도 국민대, 숭실대 급으로 나오는 것을 확인할 수 있다.

서울대학교

서울대학교 학생부 교과전형 주요사항 비교		
	2024학년도	**2025학년도**
전형명 및 모집인원	▶지역균형 *506명	▶지역균형 *508명(▲2)
지원자격	*졸업예정자 *학교장추천(고교별 2명 이내)	〈변동사항 없음〉
전형방법	▶지역균형 *506명 *1단계:교과100(3배수) 2단계:교과70%+면접30%	▶학교추천 *508명(▲2) *1단계:교과100(3배수) 2단계:교과70%+면접30%
복수지원	*지역균형과 일반전형 불가	〈변동사항 없음〉
서류평가	*학업능력 *학업태도 *학업 외 소양	*학업역량(학업능력/지적성취)7개 등급 +학업태도(지적호기심/자기주도성/적극성/열정)3개 등급+학업외소양 3개등급 →최종 서류평가 7개 등급
수능최저 학력기준	국,수,영,탐(2) 중 3개 합7	〈변동사항 없음〉

■수시모집만 실시하는 대학

✓사범대학 교육학과, 독어교육학과, 불어교육과와 음악대학의 피아노과, 관현악과, 국악과는 수시모집만 실시한다.

■교과반영

✓지원자격과 무관하지만, 교과이수 기준의 충족 여부를 서류평가에 반영한다.

✓진로선택과목 및 전문교과 성적은 정성평가로 반영한다.

■서류평가

✓서류평가 기준은 학업능력, 학업태도, 학업 외 소양을 평가한다.

✓학업능력은 '폭넓은 지식을 깊이 있게 갖추고 활용할 수 있는 학생인가?'를 살펴보는데 반드시 교과 성적과 일치하지는 않는다. (고르고 우수한 학업역량/깊이 있는 지식/의미 있는 학습경험/습득한 지식의 적절한 활용 경험/노력을 통해 성장한 모습)

✓학업태도에 있어서는 '스스로 알고자 하며 적극적으로 배우고자 하는 학생인가?'를 평가한다. (공부한 이유/지식을 쌓기 위한 과정/적극적이며 지속적인 노력 여부/학교생활 전반에 걸친 참여/호기심과 도전적 태도/자기주도적인 학습)

✓학업 외 소양은 '바른 인성과 공동체 의식을 지니고 나눔을 실천할 수 있는 학생인가?'를 주시한다. (바른 인성/리더십을 발휘한 경험/폭넓은 시야를 갖추기 위해 노력한 경험/학교생활에서의 어려움 극복 경험/사회적 약자에 대한 배려)

✓다수의 평가자에 의한 다단계 종합평가로 교과성적, 교내외 활동의 결과만을 평가하는 것이 아니라 그 동기와 과정까지 다면적이고 심층적으로 평가한다.

■서류평가 준비

✓의과대학을 제외한 모집단위는 지원자 1명을 대상으로 10분 내외로 복수의 면접위원이 실시한다.

✓의과대학은 의학을 전공하는데 필요한 자질, 적성과 인성을 평가한다. 상황/제시문 기반면접과 서류 기반면접을 복수의 면접실에서 60분 내외로 진행한다.

■연세대와 고려대 지원비율

✓고려대의 학교추천은 인문은 80% 정도, 자연은 50% 정도로 나타난다. 연세대는 추천형이 인문이 58% 정도, 자연은 32% 정도다.

■수능최저학력기준

✓3개 합7등급의 충족률은 매년 변화하는데 인문은 83~86% 정도, 자연은 80~84% 정도로 나타나고 있다.

✓자연계열 일부학과(부)는 과학탐구영역에서 물리학I, II 혹은 화학I, II 중 1개 이상 응시해야 한다.

✔ 과학Ⅱ응시 의무는 2024부터 없어져 과학Ⅰ+Ⅰ으로 지원이 가능하기에 자연계의 경쟁률이 높아지고 있다.

✔ 수시모집만 선발하는 모집단위에서 미충원 인원이 발생하는 경우, 정시모집 일반전형으로 선발하며, 정시모집 일반전형의 전형 방식에 따라 최종 합격자를 선발한다.

서울대학교 학생부 종합전형 주요사항 비교		
	2024학년도	2025학년도
전형명 및 모집인원	▶일반전형(종합) *1,492명	▶일반전형(종합) *1,489명(▼3)
전형방법	▶전체모집단위(미술,사범제외) *1,362명 *1단계:서류100(2배수) *2단계:1단계50%+면접 및 구술40% ▶미술대학 디자인과 *7명 *1단계:서류100(2배수) *2단계:면접및구술100% ▶사범대학 *123명 *1단계:서류100%(2배수) *2단계:1단계50%+면접및구술30%+교직적성인성면접20%	〈변동사항 없음〉
서류평가	▶평가요소 및 평가항목 *종합평가Ⅰ(70%):학업역량,진로역량 *종합평가Ⅱ(30%):공동체역량	〈변동사항 없음〉
수능최저 학력기준	*디자인과:국수영탐(2) 중 3개 합7 *체육교육과:국수영탐(2) 중 3개 이상 4등급	〈변동사항 없음〉

■ 서류평가

✔ 지역균형전형과 같은 방식으로 서류평가가 진행된다.

✔ 일반전형의 인재상은 학업능력이 우수하고 모집단위 관련된 분야에 부합하는 재능과 열정을 보인 학생으로 규정되어 있다.

■면접 준비 및 유의사항

✓ 제시문을 활용하여, 지원자 1명을 대상으로 복수의 면접위원이 실시한다. 제출 서류를 참고하여 추가 질문을 할 수 있다.

✓ 답변 준비 시간은 인문과 자유전공학부는 30분 혹은 자연계는 45분 내외가 주어지고, 답변시간은 15분 내외이다.

✓ 주어진 제시문과 질문을 바탕으로 면접관과 수험생 사이의 상호작용을 통해 문제해결능력과 논리적이고 창의적인 사고력을 종합적으로 평가한다.

✓ 제시문 기반면접은 단순 정답이나 단편 지식이 아닌 종합적인 사고력을 평가하는데 중점을 두고 있다. 수업을 통해 해당 과목의 내용을 깊이 이해하고 소화하는 것이 중요하다.

✓ 사범대학의 교직 적성·인성면접은 답변 준비시간이 15분 내외이고 15분 내외로 실시한다. 학과 적성, 교사가 갖추어야 할 기본적인 자질과 인성, 교직에 대한 이해들을 평가한다.

■전공 연계 교과 이수과목

✓ 전공 연계 교과 이수과목은 지원자격과 무관하지만, 모집단위가 권장하는 과목의 이수 여부는 서류평가에 반영한다.

✓ 선택기준이 과목의 난이도나 성적의 유불리가 아닌 수업을 통해 배우고 싶은 내용, 수업을 통해 무엇을 할 수 있는지에 중점을 두고 선택하는 것이 바람직하다.

■충원율

✓ 자연계의 충원률이 95~120명 정도가 나타나는 것은 타 대학의 의약계열 중복합격 때문으로 추정된다. 이런 경향은 지속될 것으로 보인다.

■수능최저학력기준

✓ 합격자의 80% 정도가 영재고, 과학고, 자사고, 외고, 국제고 출신의 학생들로 수능최저기준을 적용하지 않는다.

서울여자대학교

	서울여자대학교 학생부 교과전형 주요사항 비교	
	2024학년도	**2025학년도**
전형명 및 모집인원	▶교과우수자(교과) *178명	▶교과우수자(교과) *176명(▼2)
지원자격	*학교장추천 필요 *고교별 추천인원 제한없음	〈변동사항 없음〉
전형방법	▶교과우수자(교과) *178명 *교과100%	▶교과우수자(교과) *176명(▼2) *교과100%
반영교과	*공통/일반선택(90%):석차등급 -국어,수학,영어,사회/과학 교과별 상위3과목, 최대 12과목 *진로선택(10%):성취도 -국어,수학,영어,사회,과학 전과목	*공통/일반선택:국,수,영,사,과 교과의 전체과목을 반영 *진로선택:성취도가 높은 상위 3과목에 가산점 부여
교과성적 산출방법	*전체 모집단위에 평균석차등급별 기준점수 적용 {석차등급 표}	〈변동사항 없음〉
진로선택 과목	*진로선택:성취도 {환산등급 표}	〈변동사항 없음〉
수능최저 학력기준	국수영탐(1)중 2개 합7	〈변동사항 없음〉

교과성적 산출방법 표:

석차등급	1	2	3	4
기준점수	100	99	98	97

진로선택 과목 표:

등급	A	B	C
환산등급	1	0.9	0.5

■ **학교장추천**

✓ 교과우수자전형은 2명이 감소한 176명을 모집한다. 교과우수자전형은 학교장의 추천이 필요한 지역균형전형이지만 고교별 추천 인원 제한은 없다.

■ **반영교과**

✓ 공통과목과 일반선택과목은 교과별 상위 3과목 최대 12과목에서 변경되어, 2025학년도에는 국어, 수학, 영어, 사회, 과학 교과의 전체과목을 반영한다. 반영 교과의 확대에 따라서 커트라인이 낮아질 가능성이 높다.

✓ 한국사는 사회교과로 포함하지 않는다.

✓ 교과우수자 내신등급별 환산점수가 4등급까지 1점일 정도로 급간이 매우 좁아 지는 것을 알 수 있다.

■ **진로선택과목**

✓ 진로선택과목은 국어, 수학, 영어, 사회, 과학 교과를 반영하는데 성취도가 높은 상위 3과목에 가산점을 부여한다.

✓ A는 1점, B는 0.9점, C는 0.5점을 부여한다.

■ **수능최저학력기준 부과**

✓ 수능최저학력기준이 2개 합7으로 충족률이 약 75% 정도에서 형성된다.

서울여자대학교 학생부 종합전형 주요사항 비교		
	2024학년도	**2025학년도**
전형명 및 모집인원	▶바롬인재서류(종합) *248명	▶바롬인재서류(종합) *194명(▼54)
	▶바롬인재면접(종합) *162명	▶바롬인재면접(종합) *207명(▲45)
	▶SW융합인재(종합) *29명 −디지털미디어학과,정보보호학부, 소프트웨어융합학과,데이터사이언스 학과	〈변경사항 없음〉
전형방법	▶바롬인재서류(종합) *248명 *서류100%	▶바롬인재서류(종합) *194명(▼54) *서류100%
	▶바롬인재면접 (종합) *162명 *1단계:서류100%(5배수) *2단계:1단계 50%+면접50%	▶바롬인재면접 (종합) *207명(▲45) *1단계:서류100%(5배수) *2단계:1단계 50%+면접50%
	▶SW융합인재(종합) *29명 *1단계:서류100%(5배수) *2단계:1단계50%+면접50%	〈변경사항 없음〉
서류평가	▶평가요소 및 평가항목 *바롬인재서류:학업역량40%+ 진로역량35%+공동체역량25% *바롬인재면접:학업역량35%+ 진로역량40%+공동체역량25%	〈변동사항 없음〉

■ **선발인원 변화**

✓ 서류형에서 54명이 감소한 194명을 모집하고, 면접형에서 45명이 증가한 207명을 모집한다. 면접형이 중심전형으로 인식이 변화되어 선호도가 높아질 것으로 예상된다.

■면접평가

✔ 면접평가요소는 진로역량, 발전가능성, 인성 및 의사소통역량을 평가한다.

✔ 2명의 평가자에 의한 개별면접으로 10분 내외로 진행된다. 제시문 없이 제출서류 기반으로 진행된다.

✔ 교과수업과 그 외 학교생활에 있어서의 관심 분야, 수행한 학업활동, 주도적인 학교활동 등에 대해 질문한다.

■바롬인재 서류

✔ 서류평가요소는 학업역량 40%, 진로역량 35%, 공동체역량을 25% 반영한다. 학업역량의 반영비율이 높기에 유념해야 한다.

✔ 학교생활에서 관심 분야에 대한 탐색과 기초 학업역량을 균형 있게 발전시킨 학생을 선호한다.

✔ 최종합격자 학생부 평균등급이 3.3에서 형성되었다. 하지만 최저합격자가 6등급까지 낮은 것을 유념하고 지원할 필요가 있다.

■바롬인재 면접

✔ 면접형에 대한 선호도가 높아 2025학년부터는 면접전형이 중심이 되는 전형이 될 가능성이 높다.

✔ 2023학년도 최종합격자 학생부 평균등급이 3.7에서 형성되었다. 4~5등급의 합격자가 있다는 것을 유념할 필요가 있다.

■SW융합인재

✔ 디지털미디어학과, 정보보호학부, 소프트웨어융합학과, 데이터사이언스학과에서 선발한다.

✔ 진로역량은 소프트웨어 및 ICT 관련 기초소양 및 활동이 추가되어 컴퓨터와 관련된 다양한 활동 경험이 있는 학생이 선호된다.

서울시립대학교

서울시립대학교 학생부 교과전형 주요사항 비교		
	2024학년도	**2025학년도**
전형명 및 모집인원	▶지역균형(교과) *230명	▶지역균형(교과) *194명(▼36)
지원자격	*학교별 최대 10명 이내	〈변동사항 없음〉
전형방법	▶지역균형(교과) *230명 *교과100%	▶지역균형(교과) *194명(▼36) *교과100%
복수지원	*교과와 학종 중복지원 가능	〈변동사항 없음〉
반영교과	*공통/일반선택과목90% *진로선택과목10% −인문:국,수,영,사 교과 중 상위 3과목 −자연:국,수,영,과 교과 중 상위 3과목	*공통/일반선택과목 *진로선택과목 모두 전과목 반영
교과성적 산출방법	*전체 모집단위에 평균석차등급별 기준점수 적용 석차등급 | 1 | 2 | 3 | 4 기준점수 | 100 | 98 | 95 | 86	〈변동사항 없음〉
진로선택 과목	*진로선택:성취도 성취도 | A | B | C 반영점수 | 100 | 97 | 90	〈변동사항 없음〉
수능최저 학력기준	[인문]국수영탐(1) 중 3개 합7, 한국사4 [자연Ⅰ]국수(미/기)영과(1) 중 3개 합7 [자연Ⅱ]국수영과(1) 중 3개 합7	〈변동사항 없음〉

■모집인원 감소

✓2024학년도에 230명을 선발했는데 2025학년도에는 36명(15%) 감소된 194명을 선발한다.

✓추천 인원이 경희대나 한국외대에 비해 적기에 이들 대학에 비해 경쟁률이 비교적 낮게 형성된다.

■진로선택과목 전과목 반영

✓진로선택과목 반영수가 기존의 상위 3과목에서 전과목으로 확대된다. 공통과목 및 일반선택과목은 90%를 반영하는데 석차 등급을 반영한다.

✓진로선택과목은 10%를 반영하는데 기존에는 95% 이상의 학생들이 A를 받았다. 반영과목이 전과목으로 반영됨에 따라 입시 결과에 영향을 끼칠 수 있음을 유념할 필요가 있다.

■수능최저학력기준

✓자연계열의 수능최저학력기준이 구별된다. 자연계열Ⅰ에서는 수학은 미적분 또는 기하, 탐구는 과학탐구만 반영한다. 자연계열Ⅰ은 자연계열Ⅱ를 제외한 자연계열 전체 모집단위이고, 자연계열Ⅱ는 환경원예학과, 건축학부(건축공학전공), 건축학부(건축학전공), 교통공학과, 조경학과들이 포함된다.

✓수능최저기준이 경희대는 2개 합5, 한국외대는 2개 합4이기에 이들 대학의 수능최저학력기준 충족률이 올라가고 실질 경쟁률의 상승으로 이어지고 있다. 따라서 서울시립대의 경우 실질 경쟁률이 절반으로 떨어지기에 수능최저기준 충족이 매우 중요하다.

서울시립대학교 학생부 종합전형 주요사항 비교		
	2024학년도	**2025학년도**
전형명 및 모집인원	▶학종Ⅰ(면접형) *370명	▶학종Ⅰ(면접형) *369명(▼1)
	▶학종Ⅱ(서류형) *80명	▶학종Ⅱ(서류형) *185명(▲105)
전형방법	▶학종Ⅰ(면접형) *370명 *1단계:서류100%(3배수) *2단계:1단계60%+면접40%	▶학종Ⅰ(면접형) *369명(▼1) *1단계:서류100%(3배수) *2단계:1단계50%+면접50%
	▶학종Ⅱ(서류형) *80명 *서류100%	▶학종Ⅱ(서류형) *185명(▲105) *서류100%
서류평가	▶평가요소 및 평가항목 *면접형:학업역량35%+잠재역량 40%+사회역량25% *서류형:학업역량30%+잠재역량 50%+사회역량20%	〈변동사항 없음〉
수능최저 학력기준	〈미반영〉	▶서류형:국수영탐(1) 중 2개 영역 합5 (경영학부 제외)

■인재상 폐지

✓학생부 종합전형 지원자격에서 인재상을 삭제하였다. 학과별로 인재상을 제시했 었는데 전공 적합성을 폐기하는 최근의 추세에 부응하는 것으로 해석된다.

■학업 비중이 높은 면접형

✓면접형 2단계의 면접 비중이 기존의 40%에서 50%로 확대되어 면접 비중이 강 화되었다. 일반고의 합격자 비율이 70% 정도이다.

✓1차 서류평가에서 1배수 밖에 있던 학생들이 55% 정도로 나타나고 있을 정도로 면접의 영향력이 크다. 전공 관련 교과의 기본개념부터 심화 내용, 관심 영역까지 연속적인 질문을 통해 역량을 확인한다.

✓ 면접형은 서류형에 비해 학업역량의 비중이 약간 높다. 주요 교과 및 전공 관련 교과의 성적과 이수 상황, 세부능력 특기사항 기재 등을 중점적으로 평가한다.
✓ 교과 내에서 수행한 탐구활동은 개인의 역량을 보여주는데 핵심적인 사항이며, 면접에서도 심층적으로 검증됨을 유념할 필요가 있다.

■잠재역량 비중이 높은 서류형

✓ 서류형의 선발인원이 큰 폭으로 증가하였다. 105명(131%)이 증가한 185명을 선발한다.
✓ 서류형은 잠재역량의 비중이 50%로 상당히 높다. 잠재역량은 관심 분야 탐구 및 교육활동 경험의 우수성, 지속성, 다양성, 관심 분야 및 전공영역에 대한 열정과 이해수준, 학교 교육활동을 통한 자기주도적인 참여수준 및 탐구활동 등을 중점적으로 평가한다.
✓ 다른 교과의 성취도가 다소 낮아도 전공 관련 과목의 역량이 뛰어나다면 높게 평가된다는 것을 유념하여 적극 지원할 필요가 있다.

■수능최저학력기준 신설

✓ 서류형에서 수능최저학력기준이 신설되었다. 2개 영역 합5등급을 적용하는데 경영학부(80명)는 수능최저기준을 적용하지 않는다.
✓ 2개 영역 합5로 높은 기준은 아니어서 높은 충족률을 보일 수 있기에 수능에 최선을 다해야 한다.

성균관대학교

	성균관대학교 학생부 교과전형 주요사항 비교	
	2024학년도	**2025학년도**
전형명 및 모집인원	▶학교장추천(교과) *402명	▶학교장추천(교과) *391명(▼11)
지원자격	*3학년 재적 학생 수의 10%	*고교별 최대 15명까지 추천
전형방법	▶ 학생부교과 *402명 *정량평가80%:석차등급활용, 공통과목 및 일반선택과목 전체 *정성평가20%:성취도,세부능력 및 특기사항,진로선택과목 및 전문교과 과목의 교과	▶학생부교과 *391명(▼11) *정량평가80%:공통과목 및 일반선택과목 전체 *정성평가:전체 과목
반영방법	▶정성평가(진로선택과목, 전문교과 성적) *학업수월성(10%):과목 성취도,성취도별 분포비율 *학업충실성(10%):교과목이수현황, 학업수행충실도	▶정성평가(공통 및 일반선택과목,진로선택과목, 전문교과 성적) *학업수월성(10%):과목이수 및 성적, 세부능력 및 특기사항 *학업충실성(10%):과목이수 및 성적, 세부능력 및 특기사항
교과성적 산출방법	<table><tr><td>석차등급</td><td>1</td><td>2</td><td>3</td><td>4</td></tr><tr><td>기준점수</td><td>100</td><td>98</td><td>95</td><td>85</td></tr></table>	〈변동사항 없음〉
수능최저 학력기준	*학교장추천 [글로벌융합,인문과학,사회과학,경영,사범,영상,의상,자연과학,건축,전자전기,공학,사범]국영수탐탐 중 3개 합7 [글로벌리더,글로벌경제,글로벌경영,소프트웨어,반도체융합,에너지]국수영탐탐 중 3개 합6	〈변동사항 없음〉

128

■추천 인원 축소

✓추천 인원은 2024학년도 고교별 10%에서 2025학년도에는 고교별 15명까지 추천할 수 있도록 변경되었는데 고3이 150명 이상인 학교의 경우 사실상 축소되었다고 볼 수 있다.

■모든 과목에 정성평가 반영

✓2024학년도에는 진로선택과목 및 전문교과 즉, 석차등급이 표시되지 않는 과목에 대해서만 정성평가를 실시했다. 정량평가 80%가 '합불'을 결정했고 20% 정성평가는 영향력이 미미했다.

✓2025학년도에는 20% 반영되는 정성평가에서 공통 및 일반선택과목을 포함한 모든 과목에 대해 정성평가를 실시한다.

✓공통 및 일반선택과목도 정성평가를 하므로 '합불' 예측이 명확하지 않기에 이를 유념하여 지원 전략을 수립해야 한다.

■교육과정 이수 사항을 고려

✓20% 반영되는 정성평가에 전체 교과목이 반영되기에 지원 시 학과와의 연관성이 더욱 중시되었으므로 교육과정 이수 상황을 고려하여 지원할 필요가 있다.

✓모든 과목이 정성평가됨에 따라서 교과 이수 충실도, 교과목 이수 현황, 성취도별 분포비율, 학업수행 충실도가 더욱 중요하게 평가될 수 있다. 특히 세특이 좀더 중요해 졌다고 볼 수 있다.

✓진로선택과목 및 전문교과에서 정성평가를 반영한다는 점에서 고려대 학교추천 전형과 유사한 측면이 있다.

성균관대학교 학생부 종합전형 주요사항 비교		
	2024학년도	2025학년도
전형명 및 모집인원	▶계열모집(종합) *441명	▶융합형(종합) *421명(▼20)
	▶학과모집(종합) *429명	▶탐구형(종합) *458명(▲29)
	▶과학인재(종합) *145명	▶과학인재(종합) *125명(▼20)
전형방법	▶계열모집 *441명 *학생부100%	▶융합형 *421명(▼20) *학생부100%
	▶학과모집 *429명 *서류100-의예,사범대(교육,수교,컴교,한교),스포츠과학 *1단계:서류100% (3배수 내외,의예 5배수 내외) *2단계:1단계70%+면접30%	▶탐구형 *458명(▲29) *서류100-의예,사범대(교육,수교,컴교,한교),스포츠과학 *1단계:서류100% (3배수 내외,의예 5배수 내외) *2단계:1단계70%+면접30%
	▶과학인재 *145명 *1단계:서류100%(7배수) *2단계:1단계70%+면접30%	▶과학인재 *125명(▼20) *1단계:서류100%(7배수) *2단계:1단계70%+면접30%
서류평가	▶평가영역 및 반영비율 *학업역량(50%):학업수월성(25%)+학업충실성(25%) *개인역량(30%):전공적합성(15%)+활동다양성(15%) *잠재역량(20%):자기주도성(10%)+발전가능성(10%)	〈변동사항 없음〉

■명칭 변경

✓ 계열모집이 융합형으로 바뀌고, 학과모집이 탐구형으로 명칭이 변화되었다. 융합형에서 20명이 감소되고, 과학인재형에서 모집인원이 20명 감축되었다.

✓ 한문/사학/철학/사회/사회복지학/심리학/아동청소년학/통계학과는 2025학년도에도 학종에서 선발하지 않는다.

■학업역량 50%

✓ 서류평가에서 학업역량을 50%를 요구하고 있는데 진로역량의 비율보다 높다는 점을 고려할 필요가 있다.

✓ 탐구형(학과모집)에서 교육학, 한문교육, 수학교육, 컴퓨터교육, 스포츠과학은 면접을 실시하는데 인·적성평가로 실시된다. 의예는 MMI(다중미니면접)을 통한 인·적성평가임을 주시해야 한다.

■과학인재전형-수학/과학 교과형 면접

✓ 과학인재는 제시문 기반의 수학/과학 교과형 면접을 실시한다. 15분 정도 제시문 분석 후 10분 정도의 영상면접이 진행된다. 수학과 과학의 기본 및 심화 개념을 얼마나 숙지하고 있느냐가 '합불'을 좌우할 수 있다.

수학과 과학의 범위는 다음과 같다.

· 수학:공통 및 일반선택(수학 I , 수학 II , 미적분, 확률과 통계), 진로선택(기하)

· 과학:공통 및 일반선택(물리학 I , 화학 I , 생명과학 I), 진로선택(물리학 II , 화학 II , 생과학 II)

■7배수 면접의 과학인재전형

✓ 고려대 계열적합형은 2단계 면접이 2배수이고 성균관대 과학인재전형은 7배수이다. 일반고도 수학, 과학 쪽에 특화돼 있다면 도전해볼 만하다. 7배수 안에 들어갈 경우 거의 합격권이라고 볼 수 있다.

■일반고의 합격비율

✓ 종합전형에서 일반고의 합격비율은 매년 비슷하게 60% 정도로 나타나고 있다.

성신여자대학교

성신여자대학교 학생부 교과전형 주요사항 비교		
	2024학년도	**2025학년도**
전형명 및 모집인원	▶지역균형(교과) *240명	▶지역균형(교과) *240명
지원자격	*졸업(예정)자 *학교장의 추천을 받은 자 *추천 인원 제한 없음	*고교별 추천인원 제한없음
전형방법	▶지역균형(교과) *240명 *교과90%+비교과(출결10)%	〈변동사항 없음〉
복수지원	*학종과 복수지원 가능	〈변동사항 없음〉
반영교과	*공통/일반선택(90%):석차등급 [인문]국,수,영,사,한국사 전과목 [자연]국,수,영,사,과 전과목 *진로선택(10%):석차등급	〈변동사항 없음〉
교과성적 산출방법	*전체 모집단위에 평균석차등급별 기준점수 적용	〈변동사항 없음〉
진로선택 과목	*진로선택:성취도	〈변동사항 없음〉
수능최저 학력기준	[인문·자연]국수영탐(1)중 2개 합7	〈변동사항 없음〉

교과성적 산출방법 표:

석차등급	1	2	3	4
기준점수	100	99	98	96

진로선택 과목 표:

성취도	A	B	C
석차등급	1	2	4

■변동 없는 기조 유지

✓모집인원, 전형방법, 반영교과도 변동이 없이 전년도의 기조가 그대로 유지되고 있다.

■교과반영

✓공통과목과 일반선택과목은 90%를 반영하고 진로선택과목은 10%를 반영한다.
✓공통과목과 일반선택과목은 인문계는 국어, 수학, 영어, 사회, 한국사 전과목을 반영하고, 자연계는 국어, 수학, 영어, 사회, 과학 전과목을 반영한다.
✓진로선택과목은 반영교과 영역 내 상위 3개 과목만 성취도를 등급으로 변환하여 반영한다. 성취도가 같은 경우 이수 단위가 높은 순으로 변환하여 반영한다.
✓진로선택과목은 A와 B의 변환등급에 큰 차이가 없어 영향력은 미미하지만, C의 경우는 불리할 것으로 예측된다.

■인문/자연 구분 폐지

✓그동안 계열별로 모집하던 간호학과를 문이과 통합취지에 맞게 인문/자연 구분이 폐지된다.

■수능최저기준 완화 효과

✓인문자연 구분 없이 2개 합7을 요구한다. 수능최저기준의 완화 효과로 수능최저 충족률이 90%에 이르고 있다.
✓실제 수능최저기준이 완화된 효과로 내신 등급컷이 상승한다는 점을 확인하고 지원할 필요가 있다.

■수능최저기준을 고려한 지원

✓수능최저기준을 충족하는 경우 낮은 등급에도 합격하는 경우가 있기에 과감하게 지원할 필요가 있다. 지난 3개년의 경쟁률과 입시 결과를 모두 고려한 지원이 필요하다.

성신여자대학교 학생부 종합전형 주요사항 비교		
	2024학년도	**2025학년도**
전형명 및 모집인원	▶학교생활우수자(종합) *207명 ▶자기주도인재전형(종합) *402명	▶학교생활우수자(종합) *226명(▲19) ▶자기주도인재전형(종합) *395명(▼7)
전형방법	▶학교생활우수자(종합) *207명 *서류100% ▶자기주도인재전형(종합) *402명 *1단계:서류100%(3배수) *2단계:1단계70%+면접30%	▶학교생활우수자(종합) *226명(▲19) *1단계:서류100%(3배수) *2단계:1단계70%+면접30% ▶자기주도인재전형(종합) *395명(▼7) *1단계:서류100%(3배수) *2단계:1단계70%+면접30%
서류평가	▶평가요소 및 평가항목 *학교생활우수자:학업역량50%+진로역량30%+공동체역량20% *자기주도인재전형:학업역량30%+진로역량50%+공동체역량20%	〈변동사항 없음〉

■학교생활우수자

✓기존의 서류 100%에서 면접형으로 유형이 변경된다. 2단계에서 면접이 30% 반영된다.

✓학교생활우수자는 학업역량의 비중이 50%로 가장 높고 교내 학업 및 다양한 활동을 통하여 균형 있는 학교생활을 충실히 수행한 인재를 선호한다.

✓교과성적의 타당도와 과목 선택 등을 확인하고 전공과 관련된 활동이 높은 평가를 받는다.

✓등록자 평균이 2등급 말~3등급 초반에서 형성되었다. 교과가 우수한 학생은 자기주도인재보다 학교생활우수자전형이 유리하다.

■ **자기주도인재**

✓ 자기주도인재는 진로역량에 대한 평가의 비중이 50%로 가장 크다. 전공분야에 대한 확고한 목표의식과 열정을 가지고 자기주도적인 탐구역량을 갖춘 인재를 요구한다.

✓ 등록자 평균은 학교생활우수자 보다 낮게 형성된다. 3등급 초반~3등급 중반에서 형성되었다.

✓ 자신의 희망 진로와 연계된 비교과 활동이 우수한 학생들은 학교생활우수자보다 약간 등급이 낮더라도 자기주도인재에 관심을 가져야 합격 가능성이 높다. 학생부에 기재된 자율, 진로, 동아리 활동을 지원하기 전에 다시 한번 확인할 필요가 있다.

■ **면접 평가**

✓ 제출서류 확인 면접으로 10분 내외로 진행된다. 면접에서는 학업역량이 30%, 진로역량이 70%의 비중으로 두 가지 항목을 집중적으로 반영한다.

✓ 면접에서 최종등록자 중 2~3배수 지원자의 비율이 47%에 이를 정도로 면접의 영향력이 매우 높다고 볼 수 있다.

■ **통합 선발**

✓ 간호학과가 작년과 똑같이 계열을 통합해 선발한다. 간호학과 합격자 중 약 30%가 인문계열, 70% 정도가 자연계열이었다.

세종대학교

세종대학교 학생부 교과전형 주요사항 비교		
	2024학년도	2025학년도
전형명 및 모집인원	▶지역균형(교과) *350명	▶지역균형(교과) *331명(▼19)
전형방법	▶지역균형(교과) *350명 *교과100%	▶학생부(교과) *331명(▼19) *교과100%
반영교과	[인문]국,수,영,사,과 전과목 [자연]국,수,영,과 전과목	[인문]국,수,영,사 전과목 [자연]국,수,영,과 전과목
교과성적 산출방법	*전체 모집단위에 평균석차등급별 기준점수 적용 석차등급: 1 / 2 / 3 / 4 기준점수: 1,000 / 990 / 980 / 950	〈변동사항 없음〉
진로선택 과목	*진로선택:성취도를 등급으로 변환 성취도: A / B / C 등급: 1 / 3 / 5 변환점수: 1,000 / 980 / 900	〈변동사항 없음〉
수능최저 학력기준	[인문]국수영탐(1) 중 2개 합6 [자연]국수(미/기)영과(1) 중 2개 합7	국,수,영,탐(사/과 중 1과목) 중 2개 영역 합6

■인문계 반영교과 축소

✓ 인문계열 반영교과가 축소되었다. 2024학년도에는 인문계에서 국어, 수학, 영어, 사회, 과학을 반영하였는데 2025학년도에는 과학을 제외한 국어, 수학, 영어, 사회를 반영한다.

■진로선택과목

✓ 진로선택과목은 성취도를 등급으로 변화하여 반영교과에 해당하는 전과목을 반영한다.

■항공시스템공학 특별전형

✓ 항공시스템공학 특별전형은 교과전형으로 1단계 교과 100%로 5배수를 선발하고, 2단계에서 공군본부 주관으로 신체검사, 체력검정, 비행적성검사, 면접평가를 통하여 선발한다.

✓ 자연교과로 국어, 수학, 영어, 과학을 반영하며 석차등급 및 이수 단위를 적용한다. 최종등록자 학생부 컷이 3.05등급에서 형성된다.

✓ 수능최저학력기준을 반영하는데 국어, 수학, 영어, 탐구 중 3개 영역 합10을 요구한다.

■수능지정 과목 폐지

✓ 2024학년도에는 자연계열은 수능 지정 과목에서 미적분/기하 중 택1을 했고 탐구는 과학탐구 중 택2를 요구했는데, 2025학년도에는 모든 계열에서 수능 필수 지정 과목을 폐지하였다.

✓ 2025학년도에 인문과 자연 공통으로 2개 영역 합6등급으로 통일하였다. 교과전형 수능최저 기준 충족률은 인문 79%, 자연 85% 정도이다.

✓ 탐구는 사회나 과학 중 1과목만 반영한다.

세종대학교 학생부 종합전형 주요사항 비교		
	2024학년도	**2025학년도**
전형명 및 모집인원	▶면접형(종합) *330명	▶면접형(종합) *310명(▼20)
	▶서류형(종합) *131명	▶서류형(종합) *150명(▲19)
전형방법	▶면접형(종합) *330명 *1단계:서류100%(3배수) *2단계:1단계70%+면접30%	▶면접형(종합) *310명(▼20) *1단계:서류100%(4배수) *2단계:1단계70%+면접30%
	▶서류형(종합) *131명 *서류100%	▶서류형(종합) *150명(▲19) *서류100%
서류평가	▶평가요소 및 평가항목 *면접형:학업역량25%+진로역량45%+창의융합역량20%+공동체역량20% *서류형:학업역량45%+진로역량25%+창의융합역량20%+공동체역량10%	〈변동사항 없음〉

■모집인원 변경

✓면접형에서 20명이 감소된 31명을 선발하고, 서류형은 19명이 증가된 150명을 선발한다.

■서류평가

✓면접형은 진로역량이 45% 반영되고 서류형은 학업역량이 45%로 평가요소 중 높은 비중을 차지한다. 면접형은 전공(계열) 적합성이 우수한 학생, 서류형은 학업을 포함하여 학교생활이 전반적으로 강한 학생이 유리하다.

✓모든 전형에서 공통으로 20% 반영되는 창의융합역량에서는 창의적 문제해결력, 리더십 및 자기주도성을 평가한다.

✓2023학년도 입시 결과는 면접형 70%컷이 2.77이었고 서류형의 70%컷은 2.55로

학업역량의 비중이 높은 서류형이 더 높은 등급대를 형성하였다. 그리고 일반고 출신이 많다.

■1단계 선발 배수 변경

✓ 2024학년도에는 모든 모집단위에서 1단계에서 3배수를 선발했다. 2025학년도에는 경영학부, 호텔관광외식경영학부, 생명시스템학부, 컴퓨터공학과, 지능기전공학과, 창의소프트학부만 3배수로 선발하고 그 외 모집단위는 4배수로 선발한다.

■국방시스템 공학 특별전형

✓ 종합전형으로 32명을 선발하는데 1단계에서 서류 100%로 3배수를 선발한다. 2단계에서 1단계 80%, 면접 10%, 체력검정 10%로 선발한다. 해군전형으로 '합불'이 결정된다.

✓ 최종등록자 학생부 컷이 3.11이었다.

숙명여자대학교

	숙명여자대학교 학생부 교과전형 주요사항 비교	
	2024학년도	2025학년도
전형명 및 모집인원	▶지역균형선발(교과) *252명	▶지역균형선발(교과) *251명(▼1)
지원자격	*고교별추천 인원 제한 폐지	〈변동사항 없음〉
전형방법	▶지역균형선발(교과) *252명 *교과100%	▶지역균형선발(교과) *251명(▼1) *교과100%
반영교과	*인문,자연:국,수,영,사,과	〈변동사항 없음〉
교과성적 산출방법	*전체 모집단위에 평균석차등급별 기준점수 적용 <table><tr><td>석차등급</td><td>1</td><td>2</td><td>3</td><td>4</td></tr><tr><td>기준점수</td><td>100</td><td>98.9</td><td>97.8</td><td>96.6</td></tr></table>	〈변동사항 없음〉
진로선택 과목	*진로선택:성취도 상위 3과목 반영 <table><tr><td>성취도</td><td>A</td><td>B</td><td>C</td></tr><tr><td>기준등급</td><td>1등급</td><td>3등급</td><td>5등급</td></tr></table>	〈변동사항 없음〉
수능최저 학력기준	*지역균형(교과) [인문,통계,인공지능,의류]국수영탐(1) 중 2개 합5 [자연(약학제외)]국수(미/기)영과(1) 중 2개 합5 [약학]국수(미/기)영과(1) 3개 합5(수학 포함)	*지역균형(교과) [인문/자연(약학부제외)]국수영탐(1) 중 2개 합5 [약학]국수영탐(1) 중 3개 합5(수학 포함)

■고교추천 가능 인원

✓ 실제로 지원 시 추천 인원을 모두 채우는 고등학교가 많지 않았다. 고교별 제한 없이 추천이 가능하다.

■반영교과

✓ 인문과 자연 반영교과를 구별하지 않고 인문과 자연 공통으로 국어, 수학, 영어, 사회, 과학을 반영한다.

■진로선택과목

✓ 진로선택과목 및 전문교과 성적은 성취도 상위 3과목을 등급으로 환산하여 반영한다. 성취도가 같은 경우에는 이수 단위가 높은 과목을 반영한다.

✓ 성취도별 변환등급을 반영하는데 A는 1등급, B는 3등급, C는 5등급을 반영한다. A와 B사이에 등급차가 벌어지기에 B, C가 있는 경우 불리하기에 유의할 필요가 있다.

■합격자 평균등급

✓ 2023학년도 합격자 교과등급평균은 인문계가 1.93, 자연계가 1.99등급에서 형성되었다.

✓ 최근 3년간 교과전형의 충족률이 인문계는 200%, 사언계는 140% 정도였다. 학과마다 충원율에 편차가 크므로 이를 고려해야 한다.

■수능최저학력기준

✓ 수능최저기준 충족률이 자연계열은 65% 정도, 인문계열은 75% 정도로 나타나고 있다.

✓ 자연계열 수능최저기준에서 수학과 탐구과목 선택과목 지정이 폐지되었다. 그렇기에 약학과에서도 사탐+확통 응시자도 지원이 가능하다.

숙명여자대학교 학생부 종합전형 주요사항 비교		
	2024학년도	**2025학년도**
전형명 및 모집인원	▶숙명인재(면접형) *284명	▶숙명인재(면접형) *395명(▲111명)
	▶숙명인재(서류형) *91명	
	▶숙명디지털융합인재 *70명	▶소프트웨어인재 *44명(▼26)
전형방법	▶숙명인재(면접형) *284명 *1단계:서류100%(3배수) *2단계:1단계60%+면접40%	▶숙명인재(면접형) 395명(▲111명) *1단계:서류100%(3배수) *2단계:1단계60%+면접40%
	▶숙명인재(서류형) *91명 *서류100%	
	▶숙명디지털융합인재 *70명 *서류100%	▶소프트웨어인재 *44명(▼26) *1단계:서류100%(3배수) *2단계:서류60%+면접40%
서류평가	▶평가요소 및 평가항목 *숙명인재(면접형,서류형):진로역량 45%+탐구역량35%+공동체의식과 협업능력20% *숙명디지털 융합인재전형:진로역량 40%+탐구역량45%+공동체의식과 협업능력15%	▶평가요소 및 평가항목 *숙명인재(면접형,서류형):진로역량 45%+탐구역량35%+공동체의식과 협업능력20% *숙명디지털 융합인재전형:진로역량 40%+탐구역량45%+공동체의식과 협업능력15%

■면접형으로 통합

✔ 전년도 면접형과 서류형이 면접형으로 통합되면서 모든 학생에게 면접이 실시된다. 인문계 전 모집단위와 자연계 일부 모집단위를 제외하고 선발한다. 모집인원이 284명에서 395명으로 확대되었다.

✔ 숙명디지털융합인재전형이 소프트웨어인재전형으로 전형명이 변경되어 26명이 줄어든 44명을 모집한다. 모집단위는 자연계 인공지능공학부, 컴퓨터과학전공, 데이터사이언스전공에서 선발한다.

✓ 자연계의 서류형일 때 일반고의 합격자 비율이 약 86% 정도였다. 자연계도 면접형으로 변경되었기에 입시 결과의 변화 가능성을 가늠해야 한다.

✓ 인문계는 특히 어문계열 학과의 경우 외고생 합격비율이 50%나 될 정도로 높았다는 점을 인식할 필요가 있다.

■ 서류평가

✓ 진로역량은 45%가 반영되는데 진로탐색 노력, 진로(전공/계열) 관련 소양, 진로(전공/계열)역량 개발을 평가한다. 탐구역량을 35% 반영하는데 자기주도성, 탐구력, 융합적 사고역량, 기초학업역량에 관심을 갖는다. 20%를 반영하는 공동체 의식과 협업능력에서는 공동체 의식 및 리더십, 협업능력 및 소통능력을 평가한다.

✓ 숙명디지털융합인재의 탐구역량의 반영비율이 45%이고 진로역량을 40% 반영한다. 선발인원을 26명 줄이고 명칭을 소프트웨어인재로 변경하고 면접을 반영한다. 탐구활동 관련 융합적 사고역량과 문제해결역량을 보여주어야 한다.

■ 면접의 높은 영향력

✓ 약대가 2025학년도에 서류확인 면접으로 변경되었는데 서류평가가 중요해졌고 경쟁률 상승과 합격자 성적의 상승을 예상할 수 있다.

✓ 면접 40%가 실질 반영률에 가깝다. 답변에 대해 추가 질문에 대비해야 한다. 학생부에 기재된 활동의 계기와 활동을 통해 배우고 성장한 내용을 정리하는 것이 대비가 된다.

■ 합격자 성적

✓ 전체 합격자 비율 중 일반고가 60% 초반에 머물고 있다. 면접형의 경우 어문계열 모집단위에서는 외고나 국제고 학생들의 합격자 비중이 높게 나타나고 있다.

✓ 일반고 학생의 합격자 성적은 2등급 중 후반대로 다른 대학 인문계열 학과의 합격자 성적과 큰 차이가 없다.

숭실대학교

숭실대학교 학생부 교과전형 주요사항 비교		
	2024학년도	2025학년도
전형명 및 모집인원	▶학생부우수자(교과) *435명	▶학생부우수자(교과) *437명(▲2)
지원자격	*졸업예정자 *고교 재학 인원의 5% 이내	〈변동사항 없음〉
전형방법	▶학생부우수자(교과) *435명 *학생부100%	▶학생부우수자(교과) *437명(▲2) *학생부100%
교과성적 산출방법	*전체 모집단위에 평균석차등급별 기준점수 적용	〈변동사항 없음〉
	석차등급 / 기준점수: 1→10, 2→9.5, 3→9.0, 4→8.5	
진로선택 과목	*진로선택:성취도별 정량평가 및 정성평가	〈변동사항 없음〉
	등급 / 기준등급: A→1, B→2, C→3	
수능최저 학력기준	[인문,경상]국수영탐(1) 중 2개 합4 [자연]국수(미/기)영과(1) 중 2개 합5 [융합특성화,자유전공학부]국수(미/기)영탐(1) 중 2개 합5	[인문,경상]국수영탐(1) 중 2개 합5 [자연]국수(미/기)영과(1) 중 2개 합5 [융합특성화,자유전공학부]국수영탐(1) 중 2개 합5

■일반선택과목과 진로선택과목

✓공통/일반선택과목은 80%를 반영하는데 인문, 경상은 국어, 수학, 영어, 사회, 한국사 전과목을 반영한다. 자연은 국어, 수학, 영어, 과학 전과목을 반영한다. 융합특성화 자유전공은 국어, 수학, 영어, 사회, 과학, 한국사를 반영한다.

✓진로선택과목은 20%를 반영한다. 인문은 국어, 수학, 영어, 사회와 자연은 국어, 수학, 영어, 과학 교과 중 상위 3개 과목을 반영한다.

■수능최저학력기준 완화

✓인문/경상계열의 수능최저학력기준이 완화되었다. 인문, 경상의 경우 2개 합4에서 2개 합5로 변경되었고 자연계는 2개 합5등급으로 변화가 없다.
✓융합특성화와 자유전공은 수학에 있어서 미분과 적분, 기하, 확률과 통계 중 선택이 가능하다.

■교과별 반영비율 주시

구분	반영교과 및 비율				
	국어	수학	영어	사회 (한국사포함)	과학
인문	35	15	35	15	
경상	15	35	35	15	
자연	15	35	25		25
융합특성화자 유전공학부	15	35	25	25	

✓교과별 반영비율이 다르게 적용되기에 이를 확인하고 지원전략을 세워야 한다. 경상계와 자연계열 그리고 융합특성화 자유전공학부는 수학의 반영비율이 35%나 됨을 주시해야 한다.
✓반영비율을 반영할 시와 그렇지 않을 시에 입시 결과의 차이가 다르게 나타난다. 50%컷보다 70%컷이 높은 모집단위가 있는데 이는 교과별 반영비율을 적용하지 않은 자료임을 유념할 필요가 있다.

숭실대학교 학생부 종합전형 주요사항 비교		
	2024학년도	**2025학년도**
전형명 및 모집인원	▶SSU미래인재(종합) *618명	▶SSU미래인재(종합) *633명(▲15)
	▶SW우수자 (종합) *21명	▶SW우수자(종합) *19명(▼2)
전형방법	▶SSU미래인재(종합) *618명 *1단계:서류100%(3배수) *2단계:1단계70%+면접30%	▶SSU미래인재(종합) *633명(▲15) *1단계:서류100%(3배수) *2단계:1단계50%+면접50%
	▶SW우수자(종합) *21명 *1단계:서류100%(3배수) *2단계:1단계70%+면접30%	▶SW우수자(종합) *19명(▼2) *1단계:서류100%(3배수) *2단계:1단계50%+면접50%
서류평가	▶평가요소 및 평가항목 *학업역량20%(교과성적/학업수행 성실성) *진로역량(활동역량)50%(계열 적합성/진로탐색노력+선택과목 이수 적절성 및 성취수준) *숭실역량(잠재역량)30%(숭실인재상 적합성/성실성/인성)	〈변동사항 없음〉

■ 선발인원 변화

✔SSU미래인재에서 기존의 618명에서 19명이 증가한 633명을 선발한다. SW우수자에서는 3명이 감소한 19명을 선발한다.

■ 모집단위 확대

✔SW우수자전형의 모집단위가 확대되었다. 2025학년부터는 금융학부(경상계열)에서도 선발한다.

■면접비율 변화

✓2단계 면접비율이 30%에서 50%로 확대되어 면접에서의 영향력이 더욱 커졌다고 볼 수 있다. 1단계 합격자 중 1배수 학생들이 최종 합격하는 비율이 40%에 불과하다.

✓서류평가에서 진로역량의 비율이 50%로 높게 반영되듯이 면접에서도 전공 적합성의 비중이 50%에 이르고 있다. 평가항목은 서류평가에서 동일하므로 주시할 필요가 있다.

■진로역량 비중 50%

✓서류평가 요소 중 진로역량 비율이 50%나 되는데 교과성적과 학업 수행 성실성이 높게 평가된다. 전공(계열) 적합성, 진로탐색 노력, 선택과목 이수 적절성 및 성취수준을 충분히 검토한 후에 지원해야 한다.

✓진로역량 비율이 높은 대학이 동국대(50), 서울과기대(45), 숙명여대(45), 세종대 면접형(45) 등이 있기에 이를 비교하고 지원을 검토할 필요가 있다.

연세대학교

연세대학교 학생부 교과전형 주요사항 비교		
	2024학년도	**2025학년도**
전형명 및 모집인원	▶학교추천(교과) *497명	▶학교추천(교과) *500명(▲3)
지원자격	*졸업예정자 *학교별 최대 10명 이내	〈변동사항 없음〉
전형방법	▶학교추천 *497명 *1단계:교과100%(5배수) *2단계:교과70%+면접30%	▶학교추천 *500명(▲3) *교과100% *면접 폐지
복수지원	*학업우수형과 복수지원 불가	〈변동사항 없음〉
반영교과	*반영과목A:국,영,수,사,과–100점 *반영과목B:기타과목–최대 5점 감점	〈변동사항 없음〉
교과성적 산출방법	*전체 모집단위에 평균석차등급별 기준점수 적용 석차등급 / 1 / 2 / 3 / 4 기준점수 / 100 / 95 / 87.5 / 75	〈변동사항 없음〉
진로선택 과목	*과목별 환산등급 적용 성취도 / A / B / C 환산점수 / 20점 / 15점 / 10점	〈변동사항 없음〉
수능최저 학력기준	미반영	*학교추천 [인문]2개 합4(국,수 중 1개 포함) [자연]2개 합5(수학 포함) [자연:의,치,약]1등급 2개 이상(국,수 중 1개 포함)

■면접 폐지

✓ 2024학년도에는 1단계에서 교과 100%로 5배수를 선발하고 2단계에서 면접을 실시했는데, 2025학년도에는 면접을 폐지하고 수능최저학력기준을 부과한다.

✓ 2024학년도 다단계 전형에서 1단계에서 내신의 경쟁력이 크게 작용하고 수능최저기준도 부과하지 않았기에 평범한 일반고에게 유리한 것으로 인식되었다.

✓ 면접이 수능 전에 실시되고 제시문 기반면접이었기에 면접 폐지는 부담이 줄어들었다고 볼 수 있다. 하지만 2025학년도부터는 수능최저기준을 부과하기에 내신만 우수하고 수능경쟁력이 약한 학생들은 이전보다 힘들어질 것으로 보인다.

■수능최저기준 활용

✓ 인문은 2개 합4, 자연은 2개 합5의 수능최저학력기준을 부과하는데 2025학년도 가장 큰 변화라고 할 수 있다.

✓ 2개 합5등급은 학종과 비슷한 수준이기에 연세대를 지원하는 학생들에게는 큰 부담은 아닐 수 있다. 하지만 수능경쟁력이 취약한 학생들에게는 부담이 된다고 할 수 있다.

✓ 서울대 지균은 수능최저기준이 3합 7이기에 수능최저가 부담스러운 학생들이 서울대에 불합격하더라도 연세대 교과에 합격하는 전략을 구사했었다. 하지만 2025학년도에는 연세대 교과전형에서 내신 상위권 학생들도 수능 경쟁력을 높여 수능최저학력기준을 충족시키는 것이 합격의 관건이 되었다.

✓ 자연계열 지원 시 수능최저기준을 충족하기 위해서 수학 선택과목에 미적분 또는 기하를 필수적으로 선택해야 한다. 탐구는 과학탐구 선택이 필수이다.

■1, 2등급 감점 폭 5점

✓ 교과성적반영에서 1등급과 2등급의 환산점수 감점 폭이 5점이기에 교과성적 2등급의 비율이 높은 학생은 연세대 학교추천을 쓰기보다는 고려대의 '학추'를 쓰는 것이 유리하다.

연세대학교 학생부 종합전형 주요 사항 비교		
	2024학년도	**2025학년도**
전형명 및 모집인원	▶활동우수(종합) *627명	▶학업우수(종합) *615명(▼12)
	▶국제형(국내고) *274명	▶국제형(국내고) *256명(▼18)
전형방법	▶활동우수형 *627명 *1단계:서류100%(인문.통합3배수/자연4배수 내외) *2단계:1단계60%+면접40% *제시문 기반 학업역량 면접 *의과대학면접:제시문 기반 학업역량 면접	▶활동우수형 *615명(▼12) *1단계:서류100%(인문.통합3배수/자연4배수 내외) *2단계:1단계60%+면접40% *제시문 기반 논리적 사고력 및 의사소통 능력 면접 *의과대학면접:제시문 기반 인·적성 면접
	▶국제형(국내고) *274명 *1단계:서류100%(3배수) *2단계:1단계60%+면접40% *제시문 기반 학업역량 면접	▶국제형(국내고) *256명(▼18) *1단계:서류100%(5배수) *2단계:1단계50%+면접50% *제시문 기반 논리적 사고력 및 의사소통 능력 면접
서류평가	▶평가요소 및 평가항목 *종합평가Ⅰ(70%):학업역량,진로역량 *종합평가Ⅱ(30%):공동체역량	〈변동사항 없음〉
수능최저 학력기준	*국제형(국내고)국수(미/기)탐1탐2 중 2개 합5 이내(국,수 중 1개 포함), 영어 1등급 이내	*국제형(국내고)국수(미/기)탐1탐2 중 2개 합5 이내(국,수 중 1개 포함), 영어 2등급 이내

■면접유형 변경

✓ 연세대 활동우수형에서 면접은 제시문 기반면접으로 대학 수학에 필요한 기본 학업역량을 평가했으나 면접의 유형이 변경되었다. 제시문 기반면접에 더하여 논리적 사고와 의사소통 중심의 면접으로 변화되었다.

✓ 정답이 분명한 학업역량 확인용 질문보다는 열린 답변을 요구하면서 지원자의 논리적 사고력을 충분히 확인하려는 면접으로 변경되었다고 볼 수 있다. 어떠한 방식이 될지 자세한 내용은 내년에 발표를 주시할 필요가 있다.

■중복지원

✓ 학교추천형과 활동우수형간의 중복지원은 불가능하다. 하지만 학교추천형을 제외한 다른 학생부 종합전형과의 중복지원은 가능하다.

✓ 국제형에서는 수능최저학력기준이 완화되었는데 영어 1등급 이내에서 2등급 이내를 요구한다.

■학업역량, 진로역량 70% 반영

✓ 학업역량과 진로역량을 70% 반영한다. 학업역량에서는 학업성취도, 학업태도, 탐구력을 평가한다.

✓ 진로역량 평가에서는 전공(계열) 관련 교과 이수 노력, 전공(계열) 관련 교과성취도 그리고 진로탐색 활동과 경험을 포함한다.

■변경 이전의 등급컷

✓ 정성평가를 위주로 하는 학종의 특성상 교과 성적이 '합불'에 결정적이라고 보기 어렵다.

✓ 2023학년도 대입에서 50%컷이 인문계열은 2.01등급, 자연계는 1.89등급이었는데 참고하는 정도로 활용하면 좋을 듯하다.

이화여자대학교

	이화여자대학교 학생부 교과전형 주요사항 비교	
	2024학년도	**2025학년도**
전형명 및 모집인원	▶고교추천(교과) *400명	▶고교추천(교과) *400명
지원자격	*재적 여학생의 5% 이내(최대 10명)	*재적 여학생 20명
전형방법	▶고교추천(교과) *400명 *교과80%+면접20%	▶고교추천(교과) *400명 *1단계:학생부교과100%(5배수) *2단계:1단계80%+면접20%
반영교과	*국,영,수,사,과,한국사 전 단위 *일반선택90%+진로선택10%	*일반선택80%+진로선택20%
교과성적 산출방법	*전체 모집단위에 평균석차등급별 기준점수 적용	〈변동사항 없음〉
면접평가	▶학업준비도+주도적 탐구역량+논리적 사고력+발전가능성	〈변동사항 없음〉
진로선택 과목	*성취도에 따른 성취도 점수 적용	〈변동사항 없음〉
수능최저 학력기준	미반영	〈변동사항 없음〉

교과성적 산출방법 표:

석차등급	1	2	3	4
기준점수	10	9.6	9.2	8.6

진로선택 과목 표:

성취도	A	B	C
환산점수	10	8.6	5.0

■면접의 경쟁력이 관건

✓교과 80%에 면접 20%로 일괄선발한 2024학년도에서는 면접으로 뒤집는 비율이 높았고 70%컷이 1등급 후반에서 2등급 초반에 형성되는 학과가 많았다.

✓2025학년도에는 1단계를 통과한 학생들만 면접을 치루는 다단계 전형으로 바뀌기에 내신이 낮아 1단계를 통과하지 못하면 2단계에서 20%가 반영되는 면접의 기회를 얻지 못한다.

✓면접이 수능 전이라 학생들에게 부담으로 다가온다. 수능의 가능성을 면밀히 파악하고 지원하는 것이 관건이다.

✓제출서류 기반으로 학업준비도, 주도적 탐구역량, 논리적 사고력, 발전 가능성을 3명의 면접관이 종합적으로 평가한다. 심화활동이나 탐구활동 등의 예상질문에 대해 구체적이고 치밀하게 준비하는 것이 중요하다.

■고교 추천인원 확대

✓고교별 추천인원이 5% 최대 10명에서 20명으로 확대되었다. 지원 고교가 다양화되고 수험생의 지원기회가 더욱 확대될 것으로 기대된다.

✓수능최저기준이 반영되지 않음에도 경쟁률이 4~5:1 정도였고 실질 경쟁률은 충원을 포함하여 약 2:1 정도였다. 추천인원이 20명으로 확대됨에 따라 경쟁률이 높아질 것으로 예상된다.

■진로선택과목

✓진로선택과목의 반영비율이 10%에서 20%로 확대되었다. 진로선택과목의 비중이 늘고 A와 B의 환산점수의 차이가 작지 않기에 B를 받는 경우 더욱 불리할 수 있다는 점을 유념해야 한다.

■높은 충원율

✓'연고서성한'을 지원하는 경우 안정권으로 지원하거나 수능경쟁력이 약한 학생들이 소신 상향지원하는 경향이 나타난다.

✓충원율이 100~200%일 정도로 높기에 추가합격을 기대하는 전략도 기대할 만하다. 수능최저기준이 부과되지 않기에 수능보다도 추합에 의해 입시 결과가 형성되는 학과가 많다.

이화여자대학교 학생부 종합전형 주요사항 비교		
	2024학년도	2025학년도
전형명 및 모집인원	▶미래인재(종합) *948명	▶미래인재(종합) *993명(▲45)
전형방법	▶미래인재(종합) *948명 *서류100%	▶미래인재(종합) *993명(▲45) *서류100%
복수지원	*고교추천전형과 미래인재 복수 지원 가능	〈변동사항 없음〉
서류평가	▶서류평가 *학업역량(기초학업,심화학업) *학교활동의 우수성 (지식탐구,창의융합,공존공감) *발전가능성(성실성,성장잠재력)	〈변동사항 없음〉
수능최저 학력기준	*미래인재 [인문]국수영탐(1) 중 3개 합6 [자연]국수(미/기)영과(1) 중 2개 합5(수학포함) [의,약]국수(미/기)영과(1) 중 4개 합5 [미래산업약학]국수영탐(1) 중 4개 합5 [스크랜튼]국수영탐(1) 중 3개 합5	[약학]국수영탐(1) 중 4개 합6 [미래산업약학]국수영탐(1) 중 4개 합6

■ **선발인원 확대**

✓2024학년도 948명을 모집했는데 2025학년도에는 45명이 증가한 993명을 서류 100%로 선발한다.

■ 서류평가

✓ 면접을 실시하지 않고 수능최저기준을 적용하며 서류 100%로 선발한다.

✓ 학업역량에서 기초학업 및 심화학업 내용을 살펴보고, 학교활동의 우수성에서는 지식탐구, 창의융합, 공존공감에 관심을 갖는다. 발전 가능성에서는 성실성, 성장잠재력을 평가한다.

■ 수능최저학력기준 완화

✓ 약학전공과 미래산업약학전공에서 2024학년도 4합 5등급에서 2025학년도에는 4합 6등급으로 완화되었다.

✓ 자연계열 수능최저학력기준의 수학 및 탐구영역 과목 제한이 폐지된다. 수학에서 확률과 통계, 미분과 적분, 기하 중 택 1이 가능하고, 탐구영역에서는 사회탐구 또는 과학탐구로 선택이 가능하다.

✓ 지원자의 수능최저기준 충족률은 40% 내외로 예상되는데 높은 수능최저기준 때문에 70%컷이 내신 2등급부터 3등급까지 합격자가 형성되고 있다.

✓ 학생부가 약간 약하더라도 수능최저기준에 자신 있는 학생들은 비슷한 수준의 대학보다 낮은 등급으로 합격할 가능성이 있기에 적극 지원할 필요가 있다.

✓ 면접이 없고 서류 100%와 수능최저기준을 활용하기에 수능 성적이 상승세에 있는 학생들은 수시납치의 부담을 고려해야 한다.

■ 학부 신설

✓ 스크랜튼대학 국제학부가 미래인재전형에 신설되었다. 이는 국제학 특기자 54명 중 11명이 미래인재전형으로 배정된 것이다.

중앙대학교

중앙대학교 학생부 교과전형 주요사항 비교		
	2024학년도	**2025학년도**
전형명 및 모집인원	▶지역균형(교과) *504명	▶지역균형(교과) *500명(▼4)
지원자격	*학교별 최대 20명 이내	〈변동사항 없음〉
전형방법	▶지역균형(교과) *504명 *교과90%+비교과(출결10)%	▶지역균형(교과) *500명(▼4) *교과90%+비교과(출결10)%
복수지원	*지역균형과 학종 중복지원 가능	〈변동사항 없음〉
반영교과	*공통/일반선택(90%):석차등급 −국,수,영,사,과 전과목 *진로선택(10%):성취도 −국,수,영,사,과 전과목	〈변동사항 없음〉
교과성적 산출방법	*전체 모집단위에 평균석차등급별 기준점수 적용 석차등급 1 2 3 4 기준점수 10 9.71 9.43 9.14	〈변동사항 없음〉
진로선택 과목	*진로선택:성취도 성취도 A B C 환산점수 10 9.43 8.86	〈변동사항 없음〉
수능최저 학력기준	[인문,간호]국수영탐(1) 중 3개 합7 [자연(서울)]국수(미/기)영과(1) 중 3개 합7, 한국사4 [약학]국수(미/기)영과(1) 중 4개 합5	[인문,간호]국수영탐(1) 중 3개 합7 [자연(서울)]국수영과(1) 중 3개 합7, 한국사4 [약학]국수영과(1) 중 4개 합5

■ 모집인원

✓ 모집인원은 2024학년도 504명 모집에서 2025학년도에는 4명이 감소한 500명을 선발한다.

■ 추천인원

✓ 졸업생을 포함하여 고교별 최대 20명을 추천할 수 있으며 교과90+출결10%로 전형하는데 교과성적은 국어, 수학, 영어, 사회, 과학 교과목 중 이수한 전과목을 반영한다.

■ 교과반영

✓ 공통과목/일반선택과목은 90%를 반영하는데 국어, 수학, 영어, 사회, 과학 전과목의 석차등급 및 이수 단위를 포함한다.

✓ 공통과목/일반선택과목의 석차등급별 환산점수, 진로선택 과목의 성취도별 환산점수는 내년에 공지되는 상세한 모집요강에서 확인할 수 있다. 진로선택과목은 10%를 반영한다.

■ 수능최저학력기준 부과

✓ 서울캠퍼스는 수능최저학력기준을 활용한다. 2024학년도부터 영어 1등급과 2등급을 통합하여 1등급으로 간주하기에 완화 효과가 이어지고 있다. 교과 합격선의 상승 요인으로 작용함을 유념할 필요가 있다.

✓ 지원계열에 따른 수능 응시영역 지정 폐지에 따라 계열 구분 없이 수학 응시영역에 제한을 두지 않는다. 단 사회탐구, 과학탐구는 응시영역을 계열에 따라 제한한다. 탐구영역만 선택과목에 제한을 두어 3개 합7등급을 요구한다. 약대는 4개 합5등급을 요구한다.

중앙대학교 학생부 종합전형 주요사항 비교		
	2024학년도	**2025학년도**
전형명 및 모집인원	▶CAU융합형(종합) *513명	▶CAU융합형(종합) *457명(▼56)
	▶CAU탐구형(종합) *424명	▶CAU탐구형(종합) *484명(▲60)
전형방법	▶CAU융합형(종합) *513명 *1단계:서류100%(3.5배수) *2단계:1단계70%+면접30%	▶CAU융합형(종합) *457명(▼56) *서류100%
	▶CAU탐구형(종합) *424명 *서류100%	▶CAU탐구형(종합) *484명(▲60) *1단계:서류100%(3.5배수) *2단계:1단계70%+면접30%
서류평가	▶평가요소 및 평가항목 *CAU융합형: 학업역량50%+진로역량30%+ 공동체역량20% *CAU탐구형: 학업역량40%+진로역량50%+공동체역량10%	〈변동사항 없음〉

▪CAU융합형(면접 폐지→서류 100%)

✓CAU융합형에서 면접을 폐지하고 서류 100%으로 변경하여 선발한다. 2024학년도 513명보다 56명 감소한 457명을 선발한다.

✓고교 전체 학업성취도가 우수하고 고른 성장을 한 학생을 선발한다. 학생부 등 제출서류를 근거로 지원자의 학업 및 교내 다양한 활동을 통한 성장 가능성을 종합적으로 평가한다.

✓CAU융합형은 면접을 시행했던 2024학년도에 일반고 합격률이 75% 정도였고 자사고와 외고의 합격률은 19% 정도였다. 서류 100%로 선발함에 따라 지원풀과 합격자 변동을 주시할 필요가 있다.

■ CAU탐구형(서류 100% 폐지→2단계 면접)

✓ CAU탐구형에서 서류 100%를 폐지하고 2단계에서 면접을 실시한다. 2024학년도 424명을 모집했는데 2025학년도는 60명이 증가한 484명을 선발한다.

✓ 해당 계열 분야 탐구역량이 우수한 학생을 선발한다. 교내 수업, 창의적 체험활동 등 탐구활동 과정에서 탁월한 역량을 보인 학생이 가능성이 높다.

✓ 서류 100%로 선발했던 CAU탐구형은 2024학년도 일반고의 합격률이 58% 정도였고 자사고와 외고의 합격률이 30% 정도였으며, 과학고와 영재고는 8%였다. 면접 시행에 따른 지원풀과 합격자의 변동을 고려하며 지원해야 한다.

■ 서류평가

✓ 학업역량에서는 학업성취도, 학업태도, 탐구력을 중점적으로 평가한다. 진로역량에서는 전공(계열) 관련 교과이수 노력, 교과성취도 그리고 진로탐색활동과 경험을 평가한다.

✓ 전공 관련 교과이수 노력이 있기에 자연계열 전공에서 과학 과목을 I과목 수준도 이수하지 않았을 경우 불이익을 감수해야 한다.

✓ 융합형에서 선발했던 모집단위 중 유럽문화학부, 아시아문화학부, 자연과학 등이 탐구형으로 이동되었다. 외고나 자사고 출신 학생들의 합격비율이 높아질 것을 예상해야 한다.

한국외국어대학교

	한국외국어대학교 학생부 교과전형 주요사항 비교	
	2024학년도	2025학년도
전형명 및 모집인원	▶학교장추천(교과) *206/176명	▶학교장추천(교과) *195/174명(▼11/▼2)
지원자격	*졸업예정자 포함 학교별 20명 (서울캠 10명, 글로벌캠 10명)	〈변동사항 없음〉
전형방법	▶학교장추천(교과) *206/176명 *교과100%	▶학교장추천(교과) *195/174명(▼11/▼2) *교과100%
복수지원	*학종과 교과전형 복수지원 가능	〈변동사항 없음〉
반영교과	*공통/일반선택(90%):등급환산점수와 원점수 환산점수 중 상윗값. −인문:국,수,영,사 전과목 −자연:국,수,영,과 전과목	〈변동사항 없음〉
교과성적 산출방법	*전체 모집단위에 평균석차등급별 기준점수 적용	〈변동사항 없음〉

*전체 모집단위에 평균석차등급별 기준점수 적용

석차등급	1	2	3	4
기준점수	200	192	178	154

진로선택 과목	*진로선택:성취도 환산점수	〈변동사항 없음〉

*진로선택:성취도 환산점수

성취도	A	B	C
환산점수	200	192	178

수능최저 학력기준	[인문/자연]국수영탐(1) 2개 합4	〈변동사항 없음〉

■추천인원
✓ 캠퍼스별로 각각 10명씩 추천할 수 있다.

■교과반영 방법
✓ 점수 산출 지표가 등급과 원점수 중 상윗값을 적용해 주는 방식이기에 석차등급만 가지고 판단하지 말고 산출 점수를 확인하고 지원해야 한다. 교과 환산점수는 만점이 200점이다.

✓ 교과점수방식이 다른 대학과 달리 독특하다. 교과 내신이 2등급, 3등급 일지라도 원점수가 90점 이상이면 1등급으로 취급되는데 외고, 국제고, 자사고, 학군지 일반고에 상당히 이롭게 작용하지 않을 수 없다.

✓ 교과별 반영비율이 다르게 적용된다. 인문계는 국어와 영어가 각각 30%씩 반영되고 사회와 수학은 20%가 반영된다. 자연계는 수학과 과학이 30%씩 반영되고 국어와 영어의 반영비율은 20%이다.

■진로선택과목–전과목 반영
✓ 진로선택과목을 최대 3과목 정도만 반영하는 타 대학과 달리 해당 교과 전과목을 반영한다. 진로선택과목의 성취도 A를 일반선택과목 1등급과 동일하게 환산을 하기 때문에 영향력이 적지 않다. 교과 환산점수는 만점이 200점이다.

■글로벌캠퍼스
✓ 글로벌캠퍼스는 모집단위 변경이 많다. 글로벌 자유전공학부는 210명을 신규로 모집하고 통번역대학(영어, 중국어, 일본어, 태국어)모집이 폐지되어 175명이 감소되었다. 국제지역대학(프랑스, 브라질, 인도, 러시아)도 모집이 폐지되어 156명이 감소되었다.

한국외국어대학교 학생부 종합전형 주요사항 비교		
	2024학년도	**2025학년도**
전형명 및 모집인원	▶서류형(종합) *240/276명	▶서류형(종합) *235/267명(▼5/▼9)
	▶면접형(종합) *235/249명	▶면접형(종합) *213/256명(▼22/▲7)
전형방법	▶서류형(종합) *240/276명 *서류100%	▶서류형(종합) *235/267명(▼5/▼9) *서류100%
	▶면접형(종합) *235/249명 *1단계:서류100%(3배수) *2단계:1단계50%+면접50%	▶면접형(종합) *213/256명(▼22/▲7) *1단계:서류100%(3배수) *2단계:1단계50%+면접50%
서류평가	▶평가요소 및 평가항목 *서류형:학업역량50%+진로역량 30%+공동체역량20% *면접형:학업역량30%+진로역량 50%+공동체역량20%	〈변동사항 없음〉

■ **서류형**

✓ 학업역량의 비중이 50%나 될 정도로 학업경쟁력을 강조하는 서류형 합격자의 합격선이 면접형보다 높은 경향을 보인다.

✓ 면접형보다 탐구역량이 중요하며 이러한 차이를 이해하고 자신에게 적합한 전형에 지원하는 것이 유리하다.

■ **면접형**

✓ 진로역량의 반영비율이 50%나 될 정도로 계열 적합성을 중심으로 평가한다. 관심 분야에서 노력한 활동의 동기, 과정, 결과를 잘 드러내는 것이 유리하다. 면접형에 외고 출신자가 많이 몰려 면접형의 합격선이 서류형보다 낮게 형성되는 경향이 있다.

✓ 교과수업에서 전공과 관련된 수업을 이수했거나 전공 관련성이 높은 체험 프로그램에 참여했던 학생들이 적극적으로 지원하면 가능성이 높다.

✓ 특수어 전공은 전공 적합성이 부족하다는 판단으로 주저하는 경우가 있다. 하지만 영어교과 성적과 활동, 제2외국어 과목의 성적과 활동, 세계사, 세계지리, 동아시아사 등 외국 사회나 문화에 대한 이해도를 높일 수 있는 수업 활동을 통하여 계열 적합성을 드러낼 수 있다.

✓ 면접 비중이 50%나 된다. 일반고 지원자들은 상대적으로 면접역량이 뛰어난 특목고 학생들과 경쟁을 하기에 철저하게 면접에 대비하는 노력이 필요하다.

■ **입시 결과**

✓ 한국외대는 합격자의 내신평균, 충원율, 경쟁률에 있어서 변동이 크지 않다.

✓ 2023학년도 최종 등록자 내신 평균은 서류형은 2.9등급, 면접형은 3.4등급에서 형성되었다.

✓ 학종 합격자 중 외국 국제고의 비율이 30% 정도이다. 당연히 내신 분포가 넓은 것을 명심하고 지원해야 한다.

■ **글로벌캠퍼스**

✓ 학생부 종합(SW인재)가 서류 50%+면접 50%로 전형했는데, 서류 100%로 변경되어 면접이 폐지되었다.

한성대학교

한성대학교 학생부 교과전형 주요사항 비교		
	2024학년도	2025학년도
전형명 및 모집인원	▶교과우수(교과) *297명	〈변동사항 없음〉
	▶지역균형(교과) *189명	▶지역균형(교과) *165명(▼24)
지원자격	*학교장 추천자 *추천 인원 제한 없음	〈변동사항 없음〉
전형방법	▶교과우수(교과) *297명 *교과100%	〈변동사항 없음〉
	▶지역균형(교과) *189명	▶지역균형(교과) *165명(▼24)
반영교과	*공통/일반선택:석차등급 −인문:국,수,영,사 전과목 −자연:국,수,영,과 전과목 *진로선택:성취도 −인문:국,수,영,사 교과 중 상위 3개 과목 −자연:국,수,영,과 교과 중 상위 3개 과목	〈변동사항 없음〉
교과성적 산출방법	**전체 모집단위에 평균석차등급별 기준점수 적용 석차등급: 1 / 2 / 3 / 4 기준점수: 1000 / 980 / 960 / 940	〈변동사항 없음〉
진로선택 과목	**진로선택:성취도별 정량평가 및 정성평가 성취도: A / B / C 등급: −1 / −2 / −4	성취도: A / B / C 등급: 1 / 2 / 4

한성대학교 학생부 교과전형 주요사항 비교	
	2024학년도	**2025학년도**
수능최저학력기준	*교과우수 [인문/자연(야)]국수영탐(1) 중 2개 합7 [인문/자연(야)]국수영탐(1) 중 2개 합8	〈변동사항 없음〉

■교과전형

✓교과전형은 교과우수와 지역균형전형으로 구분되는데, 교과우수는 수능최저기준이 적용되고, 지역균형전형은 적용되지 않는다.

✓반영되는 교과성적에 따라 교과우수와 지역균형 중 자신에게 유리한 전형을 선택하는 것이 바람직하다.

✓학교 수업에 충실하고 수능을 차분히 준비한 학생은 교과우수전형이 적합하고, 수능최저기준 충족과 무관한 학생은 지역균형전형이 적합한 전형이다.

■모집인원 축소

✓교과 선발인 지역균형은 선발인원이 577명으로 모집인원을 축소하였다.

■반영교과

✓공통과목과 일반선택과목에서 크리에이티브인문학부, 사회과학부, 글로벌패션산업학부는 국어, 영어, 수학, 사회 과목을 반영한다.

✓특히 IT공과대학, AI응용학과, 융합보안학과에서는 국어, 영어, 수학, 과학을 반영한다.

✓교과우수전형은 과목계열 상위 3과목을 반영하여 총 12과목을 반영하고, 지역균형은 석차등급이 반영된 모든 계열을 성적에 반영한다.

✓사회교과는 한국사, 역사, 도덕 과목을 포함하여 반영한다.

■수능최저학력기준

✓국어, 수학, 영어, 사회/과학 중 2개 영역 합7을 요구하는데 탐구에서 제2외국어나 한문으로 대체할 수 있다. 야간대학은 2개 영역 합8등급을 요구한다.

■합격자 내신등급

✓상상력인재학부 2.8등급, 사회과학부 2.83에서 형성되며, 대부분의 학과가 2등급 중후반에서 형성된다.

한성대학교 학생부 종합전형 주요사항 비교		
	2024학년도	**2025학년도**
전형명 및 모집인원	▶한성인재(종합) *257명	▶한성인재(종합) *257명
전형방법	▶한성인재(종합) *257명 *서류100%	▶한성인재(종합) *257명 *서류100%
서류평가	▶평가요소 및 평가항목 *학업역량30%:학업성취도15%+지적 탐구력(학업태도,탐구력)15%+ *진로역량40%:계열관련 교과성취도 20%+계열적합성(계열관련 교과이수 노력, 진로탐색활동과 경험)20%+ *공동체역량30%:리더십,협업과 소통 능력20%+나눔과 배려,성실성과 규칙 준수10%	〈변동사항 없음〉

■자율선택형 전공트랙제

✓자율선택형 전공트랙제로 모든 학부·세부전공을 대상으로 문이과 구분없이 적성에 맞는 전공을 선택할 수 있다.

✓크리에이티브인문, 사회과학부, 글로벌패션학부, 뷰티디자인매니지먼트학과, IT 공대, 문학문화콘텐츠학과, AI응용학과 등 7개 모집단위에서 오직 서류 100%로 선발한다.

■서류평가 100%

✓학생부 종합전형인 한성인재전형은 서류평가 비중이 100%이고 별도의 면접고사 및 수능최저기준이 없다.

✓학생부 비율이 전혀 반영되지 않는다. 학생부 교과가 다소 불리하다고 판단되면 철저히 준비해서 지원하는 것이 가능성이 높다.

■서류평가

✓진로역량이 가장 높은 40%를 반영하는데 계열관련 교과성취도를 20%, 계열적 합성을 20%반영한다. 교과성취도가 중시되고 있고, 지적탐구력에서는 학업태도와 탐구력을 기준으로 평가한다.

✓학업역량은 30%가 반영되는데 학업성취도는 15%, 지적탐구력은 15%가 반영되고 있다.

✓공동체역량도 30%가 반영될 정도로 비중이 높은 데 리더십, 협업과 소통능력 20%, 나눔과 배려, 성실성과 규칙준수를 10% 반영한다. 소통능력을 더욱 강조하고 있는 것을 볼 수 있다.

■합격자 내신 등급

✓서경대, 삼육대와 함께 인서울 대학에서 낮은 합격선을 보이고 있다. 하지만 어지간한 지방거점대학보다는 합격선이 높게 형성되고 있다.

✓IT공과대학이 3.35등급, 크리에이티부인문학부가 3.27로, 대분분의 학과가 3등급 초반에서 형성된다.

한양대학교

	2024학년도	2025학년도
	한양대학교 학생부 교과전형 주요사항 비교	
전형명 및 모집인원	▶학생부교과(지역균형발전) *338명	▶학생부교과(추천형) *327명(▼11)
지원자격	*학교별 재적 수 11%	〈변동사항 없음〉
전형방법	▶학생부교과(지역균형발전) *338명 *학생부 교과100%	▶학생부교과(추천형) *327명(▼11) *학생부교과90%+교과정성평가10%
복수지원	*학생부교과와 학생부종합전형 간 중복지원은 가능함	〈변동사항 없음〉
반영교과	*국,수,영,사,과,한국사 해당 교과 전과목 *환산점수를 산출하여 반영	〈변동사항 없음〉
진로선택 과목	*과목별 환산등급 적용:상위 3과목	〈변동사항 없음〉
수능최저 학력기준	미반영	*추천형[인문·자연·상경]국수영탐(1) 중 3개 영역 등급 합7

진로선택 과목:

성취도	A	B	C
환산점수	100	99	98

■ 서류평가 실시

✓ 교과전형에 서류평가를 2025학년도부터 처음으로 실시한다. 서류평가를 10% 반영하는데 정성평가로 실시한다.

✓ 정성평가의 평가항목으로 교과학습 발달상황 중 진로선택과목 등을 정성평가로 한다.

✓ 교과전형은 촘촘한 내신대의 학생들이 경쟁하므로 서류평가가 반영되면 지원계열 관련 과목에 대한 이수 상황이 평가에 영향을 미칠 수 있다.

■ 수능최저학력기준 활용

✓ 수능최저학력기준이 새롭게 적용되면서 지원장벽이 높아졌다. 교과전형은 그동안 매우 우수했지만, 수능 경쟁력이 뒷받침되지 않는 일반고 학생들이 선호하던 전형이었다. 하지만 수능최저학력기준이 도입되어 이를 충족시키지 못하면 합격하기가 힘들어졌다.

✓ 한양대가 부과하는 3개 합7등급은 그리 만만한 수능최저학력기준이 아니기에 서울대도 한양대도 수능최저기준이 장벽이 되어 합격 가능성이 떨어질 수 있다. 한양대도 수능최저기준을 충족시키기 힘들다면 3개 3등급을 요구하는 서강대를 고려하는 것이 대안이 될 수 있다.

■ 입시 결과 하락 가능성

✓ 상위권 대학 중 유일하게 교과성적만으로 선발했기에 1.1~1.2등급 정도에서 50%컷이 형성되어왔다. 정성평가를 10% 반영하면 적어도 1.3~1.5등급까지 지원 라인이 하락할 것으로 예측된다.

✓ 특목고나 자사고의 상위권은 1등급 후반도 자신 있게 지원이 가능할 것으로 보인다. 2023학년도 70%컷이 1.15~1.68이었는데 학과에 따라 최고등급과 최저등급의 차이가 크게 벌어질 수 있다.

한양대학교 학생부 종합전형 주요 사항 비교		
	2024학년도	**2025학년도**
전형명 및 모집인원	▶일반(학종) *837명	▶서류형(종합) *737명
		▶추천형(종합) *156명
		▶면접형(종합) *29명
전형방법	▶일반 *837명 *학생부종합평가100%	▶ 서류형 *737명 * 학생부 종합평가 100%
		▶추천형 *156명 *학생부 종합평가 100% *수능최저학력기준 적용 *학교장추천 필수
		▶면접형 *29명 *1단계:학생부 종합평가100%(5배수) *2단계:1단계성적80%+면접20%
복수지원	*교과와 학종 간 중복지원 가능	*학생부종합(추천형,서류평,면접형) 간 중복지원 불가
서류평가	▶평가요소 및 평가항목 *종합역량평가:종합성취도 *성취역량평가:4개 핵심역량 −학업영역(비판적 사고역량, 창의적 사고역량) −인성 및 잠재성영역(자기주도역량, 소통・협업역량)	〈변동사항 없음〉
수능최저 학력기준	미반영	*추천형[인문・자연・상경]국수영탐(1) 중 3개 영역 등급합7

■3개 유형으로 선발

✓ 한양대에서 가장 많은 373명을 선발하는 서류형은 그동안 한양대 학종에서 선발해오던 전형과 유사한 전형으로 볼 수 있다. 기존전형과 동일하게 학생부 종합평가 100%로 선발한다.

✓ 추천형으로 156명을 선발하는데 고교추천 전형으로 고교별 11%를 추천할 수 있다. 정책학과, 경제금융학부, 경영학부, 파이낸스경영학과, 국제학부(국제학전공) 등 선호도가 높은 학과에서 선발한다.

✓ 추천형에서 3개 합7의 수능최저를 부과하기에 입시 결과가 낮아질 것으로 예상되는데, 수능최저기준을 충족한다면 교과전형보다 추천형으로 지원하는 것이 합격 가능성이 높아질 것으로 예측된다.

✓ 면접형은 단계별 전형으로 2단계에서 면접을 30% 반영한다. 교육학과, 교육공학과, 국어교육과, 영어교육과, 수학교육과의 사범대학에서만 실시한다. 제시문 기반면접이 아닌 학생부 기반면접으로 실시된다.

■종합전형 간 중복지원 불가

✓ 교과전형과 종합전형 간의 중복지원은 가능하다. 하지만 종합전형에서 추천형, 서류형, 면접형 간의 중복지원은 허용되지 않는다.

■학생부 종합평가

✓ 학생부 종합평가는 종합성취도와 4개 핵심역량을 평가한다. 4대 핵심역량평가는 학업역량에서 비판적 사고역량, 창의적 사고력역량에 중점을 두어 평가하고, 인성 및 잠재성 영역에서는 자기주도역량과 소통·협업역량을 포함한다.

✓ 전공 적합성이 아닌 계열 적합성을 위주로 평가가 실시된다. 단순한 활동의 기록보다는 각 학년에서, 교과에서 서로 연계되고 심화되는 활동을 중점적으로 평가한다. 심화 및 융복합 수준까지 발전하는 과정을 의미 있게 평가한다.

홍익대학교

홍익대학교 학생부 교과전형 주요사항 비교		
	2024학년도	2025학년도
전형명 및 모집인원	▶학교장추천(교과) *313명	▶학교장추천(교과) *308명(▼5)
지원자격	*졸업예정자 *고교별 10명 이내 추천 가능	〈변동사항 없음〉
전형방법	▶학교장추천(교과) *313명 *학생부 교과100%	▶학교장추천(교과) *308명(▼5) *학생부 교과100%
반영교과	*인문,예술,캠자(인,예):국,수, 영,사 모든 교과목 *자연,캠자(자,예):국,수,영,과 모든 교과목	〈변동사항 없음〉
교과성적 산출방법	*전체 모집단위에 평균석차 등급별 기준점수 적용 	석차등급	1	2	3	4
---	---	---	---	---
기준점수	100	96	89	77		〈변동사항 없음〉
진로선택 과목	*진로선택과목 및 전문교과성적:정성 평가 	성취도	A	B	C
---	---	---	---
기준점수	10	9	7		〈변동사항 없음〉
수능최저 학력기준	[인문]국수영탐(1) 중 3개 합8 [자연]국수(미/기)영과(1) 중 3개 합8	〈변동사항 없음〉

■모집인원

✓ 모집인원은 전년도 보다 5명 감소한 308명으로 큰 변화 없이 전년도 수준을 유지하고 있다고 볼 수 있다.

■추천인원

✓ 고교별 추천인원이 재학 인원의 5%에서 2025학년도에는 10명 이내로 변경되었다. 수능최저기준 충족이 우선순위이기에 추천 인원은 큰 의미를 지니지 못한다고 할 수 있다.

■교과반영

✓ 공통 및 일반선택과목이 90%가 반영되고 진로선택과목은 10%가 반영된다.
✓ 인문계열은 국어, 영어, 수학, 사회 전과목을 반영하고, 자연계열은 국어, 영어, 수학, 과학 전과목을 반영한다.

■수능최저학력기준

✓ 수능최저학력기준에 의하여 경쟁률과 입시 결과가 매년 비슷하게 유지되고 있다. 그러므로 수능최저기준이 유사한 대학 간의 차이를 비교하여 지원을 고려할 필요가 있다.
✓ 자연계열에서 수학과 탐구과목에 있어서 선택을 제한하는 내용이 그대로 유지되고 있다. 그렇기에 자연계열은 수학에서 미분과 적분, 기하 중에서 1과목을 택해야 한다. 탐구영역은 과탐 최상위 1과목 등급을 반영한다.

■합격자 등급컷

✓ 합격자의 70%컷은 1등급 말~2등급 초반에서 형성된다.

홍익대학교 학생부 종합전형 주요사항 비교		
	2024학년도	**2025학년도**
전형명 및 모집인원	▶학교생활우수자(종합) *464명	▶학교생활우수자(종합) *467명(▲3)
전형방법	▶학교생활우수자(종합) *464명 *서류100%	▶학교생활우수자(종합) *467명(▲3) *서류100%
서류평가	▶평가요소 및 평가항목 *학업역량25% *전공역량30% *발전가능성30% *인성15%	〈변동사항 없음〉
수능최저 학력기준	[인문]국수영탐(1) 중 3개 합8 [자연]국수(미/기)영과(1) 중 3개 합8	〈변동사항 없음〉

■안정적인 전형 흐름

✓2024학년도의 전형의 흐름이 그대로 유지되면서 종합전형 입시에서 변화된 내용이 거의 없다.

■서류평가

✓학업역량은 25%를 반영하는데 학업성취도, 교과 성적 추이, 학업태도와 학업의지를 살펴본다. 전공역량은 30%를 반영하는데 전공 관련 소양 및 전공 관련 활동과 경험, 관련 교과목 이수 및 성취도가 중요하다.

✓계열 역량과 발전 가능성이 높은 학생을 우수하게 평가하지만, 고교 교육과정에서 이수한 교과 수준과 대학전공의 적합성을 연계시켜 평가하지는 않는다는 점을 유념할 필요가 있다.

✓그리고 30%를 반영하는 발전 가능성은 자기주도성, 리더십 및 소통능력, 활동의 참여도 및 열정을 반영한다. 인성은 15%를 반영하는데 성실성, 도덕성, 나눔과 배려를 반영한다.

■수능최저기준이 지원기준

✓학생부 종합전형이지만 3개 합8의 수능최저학력기준 충족 여부가 중요한 지원기준이다.

✓유사한 대학인 경희대 2개 합5, 서울시립대 3개 합7, 숙명여대 2개 합5, 숭실대 2개 합5, 중앙대 3개 합7 임을 참조하여 지원할 필요가 있다.

✓학종에도 수능최저기준이 설정되어 낮은 내신에도 합격을 기대하는 대학이다. 하지만 2024학년도에 수능최저학력기준을 3개 합8로 완화한 기조를 유지하고 있기에 보수적으로 접근하는 것도 나쁘지 않다.

✓자연계열은 수시에서도 미적분과 기하 중 한 과목을 선택해야 하고 과탐을 응시해야 한다. 즉 여전히 확통, 사탐으로 응시하면 지원이 불가능하다.

■합격자 성적

✓수능최저기준 충족이 합격의 관건이기에 합격자 성적 70%는 보통 2등급 중반에서부터 3등급 초반에서 형성되었다. 단지 수학교육과나 건축학부 건축학전공은 2등급 초반에서 형성되었다.

제 2 장

수도권 대학

가톨릭대학교

가톨릭대학교 학생부 교과전형 주요사항 비교		
	2024학년도	2025학년도
전형명 및 모집인원	▶지역균형(교과) *247명	▶지역균형(교과) *332명(▲85명)
전형방법	▶지역균형(교과) *247명 *학생부 교과100%	▶지역균형(교과) *332명(▲85명) *학생부 교과100%
복수지원	*학종과 복수지원 가능	〈변동사항 없음〉
반영교과	*공통/일반선택(85%):석차등급 -국,수,영,사,과,한국사 모든 교과목 *진로선택(15%):성취도 -전모집단위,간호:반영교과중 상위 3과목 -약학,의예:수학,과학 교과 전과목	*진로선택(15%):성취도 -반영교과 중 전과목의 성취도 환산점수 및 이수단위 반영
교과성적 산출방법	*전체 모집단위에 평균석차등급별 기준점수 적용 	석차등급	1	2	3	4
---	---	---	---	---
기준점수	100	99	98	97		〈변동사항 없음〉
진로선택 과목	*진로선택:등급별 기준점수 	성취도	A	B	C
---	---	---	---
기준점수	10	9.9	8		〈변동사항 없음〉
수능최저 학력기준	*지역균형 [전체]국수영탐(1) 중 2개 합7 [약학]국수(미/기)영과(1) 중 3개 합5 [의예]국수(미/기)영과(2) 중 4개 합5 [간호]국수영탐(1) 중 3개 합7	〈변동사항 없음〉

■ 선발인원 대폭 확대

√ 학생부 교과전형의 선발인원이 2024학년도 247명에서 85명(35%)증가한 332명으로 대폭 증가되었다.

■ 진로선택과목

√ 공통과목과 일반선택과목의 반영 비중이 85%이고 진로선택과목은 15%를 반영한다.

√ 2024학년도에는 지역균형전형에서 인문, 자연, 간호학과는 반영 교과 중 상위 3과목의 성취도를 환산한 등급으로 반영하고, 약학과와 의예과는 수학, 과학교과 전과목의 성취도 환산점수를 반영했다.

√ 2024학년도에는 상위 3과목만 반영하여 영향력이 미미했는데, 2025학년도에는 모집단위와 관계없이 반영교과 전과목을 반영하기에 영향력이 다소 높아질 것으로 예상된다.

√ 성취도 A는 1등급, B는 2등급, C는 3등급을 부과한다.

■ 합격자 평균성적

√ 2023학년도 합격자의 평균성적은 인문은 2등급 후반, 3등급 초반에서 형성되었다. 자연계는 2등급 후반에 수렴된다.

√ 의예과의 최종등록자 평균은 1.00등급, 약학과는 1.11로 나타나고 있다.

가톨릭대학교 학생부 종합전형 주요사항 비교		
	2024학년도	**2025학년도**
전형명 및 모집인원	▶잠재능력우수자 서류 *259명	▶잠재능력우수자(종합) *412명(▼102명)
	▶잠재능력우수자 면접 *255명	
	▶가톨릭지도자추천 *56명	▶가톨릭지도자추천 *52명(▼4명)
	▶학교장추천 *49명	▶학교장추천 *59명(▲10명)

가톨릭대학교 학생부 종합전형 주요사항 비교		
	2024학년도	**2025학년도**
전형방법	▶잠재능력우수자 서류 *259명 *서류100%	▶잠재능력우수자(종합) *412명(▼102명) *서류종합평가100%
	▶잠재능력우수자 면접 *255명 *1단계:서류100%(4배수) *2단계:1단계70%+면접30%	
	▶가톨릭지도자추천 *56명 *1단계:서류100%(4배수) *2단계:1단계70%+면접30%	▶가톨릭지도자추천 *52명(▼4명) *1단계:서류100%(4배수) *2단계:1단계 70%+면접30%
	▶학교장추천 *49명 −약학(8),의예(25),간호(16): *1단계:서류100%(4배수) *2단계:1단계70%+면접30%	▶학교장추천*59명(▲10명) *1단계:서류100%(4배수) *2단계:1단계70%+면접30%
서류평가	▶평가요소 및 평가항목 *잠재능력우수자서류:학업능력35%+전공(계열)적합성30%+인성20%+발전가능성15% *잠재능력우수자면접:학업능력25%+전공(계열)적합성35%+인성20%+발전가능성20% *학교장추천,가톨릭지도자추천:학업능력35%+전공(계열)적합성30%+인성20%+발전가능성15%	*잠재능력우수자:학업역량35%+진로역량45%+공동체역량20% *학교장추천,가톨릭지도자추천:학업역량45%+진로역량35%+공동체역량20%
수능최저 학력기준	*학교장추천 [약학]국수(미/기)영과(1) 중 3개 합5 [의예]국수(미/기)영과(2) 중 3개 합4	〈변동사항 없음〉

■**이원화 선발 폐지**

✓ 서류형과 면접형으로 선발하였으나 2025학년도에는 이를 폐지하고 서류 100%만으로 선발한다.

■ 잠재능력우수자

✓ 잠재능력우수자 서류와 잠재능력우수자 면접이 잠재능력우수자로 통합된다. 서류종합평가 100%로 102명 감소한 412명을 선발한다.

✓ 면접을 시행하지 않지만 학업역량보다 진로역량의 반영비율이 높다는 것을 유념할 필요가 있다.

■ 서류평가

✓ 학업역량 35%, 진로역량 45%, 공동체역량 20%의 비중으로 선발한다. 진로역량의 비중이 45%로 높기에 진로희망과 학과와의 관련성이 생기부에 충분히 드러나야 가능성이 높다.

■ 학교장추천

✓ 모집인원이 49명에서 59명으로 증가했는데 특수교육과에서 10명을 학교장추천 전형으로 선발하기 때문이다.

✓ 학교장추천에서 약학과는 3개 합5, 의예과는 3개 합4를 충족해야 할 정도로 높은 수능최저기준을 요구한다.

✓ 학교장추천에서 10분 내외의 개별면접이 진행된다. 의예과는 인적성 면접을 포함하여 개인별 20분 내외의 면접이 진행된다. 그리고 학업역량 비중이 45%일 정도로 높다.

✓ 서류에서는 학업역량의 비중이 45%일 정도로 높지만, 면접에서는 진로역량이 50%가 반영되고 학업역량은 30%가 반영된다.

✓ 의예과는 고교별 추천인원이 1명이고, 간호학과와 약학과는 추천인원에 제한이 없다.

✓ 2023학년도 내신평균은 의예가 1.18, 약학과는 1.93에서 형성되었고 간호학과는 2.32로 나타났다.

가천대학교

	가천대학교 학생부 교과전형 주요사항 비교	
	2024학년도	2025학년도
전형명 및 모집인원	▶학생부우수자(교과) *511명	▶학생부우수자(교과) *455명(▲44)
	▶지역균형(교과) *365명	▶지역균형(교과) *374명(▲9)
전형방법	▶학생부우수자(추천) *511명 *교과100%	▶학생부우수자(교과) *455명(▲44) *교과100%
	▶지역균형(교과) *365명 *1단계:교과100%(7배수) *2단계:1단계50%+면접50%	▶지역균형(교과) *374명(▲9) *1단계:교과100%(7배수) *2단계:1단계50%+면접50%
복수지원	*교과전형과 학종 중복지원 가능	〈변동사항 없음〉
반영교과	*학생부우수자/지역균형 –인문:국어,수학,영어,사회 전과목 –자연:국어,수학,영어,과학 전과목	〈변동사항 없음〉
교과성적 산출방법	*전체 모집단위에 평균석차등급별 기준점수 적용	〈변동사항 없음〉
진로선택 과목	*진로선택:성취도	*학생부우수자 진로선택과목 미반영 *지역균형에서 1단계에서 진로선택과목만 반영

교과성적 산출방법 표:

석차등급	1	2	3	4
기준점수	100	99.5	99	98.5

진로선택 과목 표:

성취도	A	B	C
기준점수	1	2	5

■지역균형전형

✓1단계 7배수 선발에 2단계에서 면접이 50%를 반영하고 있기에 지역균형전형은 학생부 종합전형과 유사하다고 볼 수 있다.

■**반영교과**

✓ 인문에서 국어, 영어, 수학, 사회교과를 자연에서 국어, 영어, 수학, 과학을 반영한다.

✓ 학기별 성적을 산출하여 우수한 4개 학기순으로 40%, 30%, 20%, 10%의 비율로 반영한다.

■**진로선택과목**

✓ 2024학년도에는 학생부 우수자전형에서 진로선택과목을 반영하였지만, 2025학년도에는 진로선택과목을 반영하지 않는다.

✓ 지역균형에서는 1단계에서 일반선택과목과 진로선택을 100% 반영하였지만, 2025학년도에는 1단계에서는 진로선택과목만 반영한다.

✓ 의예과, 한의예과, 약학과는 진로선택 과목을 반영하지 않는다.

✓ 성취도 A에 1등급, B에 2등급을 부과하는데 C는 5등급을 부과하므로 C를 성취하는 경우에는 상당히 어려울 수 있다.

■**수능최저학력기준**

2024학년도	2025학년도
*학생부 우수자 [인문]국수영탐(1)중 2개 합6 [자연,자유전공]국수영탐(1)중 2개 합6 수학 기하,미적분을 응시할 경우 1등급 상향 [바이오로직스]국수영탐(1)중 2개 합5 [클라우드]국수(미/기)영과(2)중 2개 합4 *가천의약학 [의예]국수(미/기)영과(2)중 3개 각1등급 [한의예]국수(미/기)영과(2)중 2개 각1등급 [약학]국수(미/기)영과(2)중 3개 합5	*학생부 우수자 [인문]국수영탐(1)중 2개 합6 [자연,자유전공]국수영탐(1)중 2개 합6 수학 기하,미적분을 응시할 경우 1등급 상향 [바이오로직스]국수영탐(1)중 2개 합5 [클라우드]국수(미/기)영과(2)중 2개 합4 *가천의약학 [의예]국수(미/기)영과(2)중 3개 각1등급 [한의예]국수(미/기)영과(2)중 2개 각1등급 [약학]국수(미/기)영과(2)중 3개 합5

가천대학교 학생부 종합전형 주요사항 비교		
	2024학년도	**2025학년도**
전형명 및 모집인원	▶가천바람개비(종합) *508명	▶가천바람개비(종합) *444명(▼64)
	▶가천의약학(종합) *42명	▶가천의약학(종합) *39명(▼3)
	▶가천AI・SW(종합) *92명	▶가천AI・SW(종합) *40명(▼52)
전형방법	▶가천바람개비(종합) *508명 *1단계:서류100%(4배수) *2단계:1단계50%+면접50%	▶가천바람개비(종합) *444명(▼64) *1단계:서류100%(5배수) *2단계:1단계50%+면접50%
	▶가천의약학(종합) *42명 *1단계:서류100%(4배수) *2단계:1단계50%+면접50%	▶가천의약학(종합) *39명(▼3) *1단계:서류100%(5배수) *2단계:1단계50%+면접50%
	▶가천AI・SW(종합) *92명 *1단계:서류100%(4배수) *2단계:1단계50%+면접50%	▶가천AI・SW(종합) *40명(▼52) *1단계:서류100%(5배수) *2단계:1단계50%+면접50%
서류평가	▶평가요소 및 평가항목 *학업역량20%+전공적합성40%+ 인성40%	〈변동사항 없음〉
수능최저 학력기준	*가천의약학 [의학]국수(미/기)영과(2) 3개 영역 각 1등급 [약학]국수(미/기)영과(2) 중 3개 합5	〈변동사항 없음〉

■다양한 보건학과 주시

✓ 간호, 물리치료, 치위생, 방사선 등 수도권 대학에서 가장 다양한 보건계열 학과가 설치되어 있으므로 매력적인 요소가 많은 대학이다.

■선발인원 감소

✓ 백분위로 평가할 때 광운대 다음으로 가천대의 선호도가 상당히 올라갔는데, 선발인원 감소로 등급컷의 상승이 예상된다.

✓ 전반적인 선발인원 감소가 두드러지고 있다. 가천바람개비전형에서 44명이 감소한 444명을 선발하고, 가천의약학에서는 3명, 가천AI·SW에서는 52명을 대폭 감소하여 40명을 선발한다.

■면접평가

✓ 종합전형의 면접에서 서류평가와 똑같이 계열(전공) 적합성을 40%, 인성을 40%를 반영하지만 서류평가에서 학업역량을 반영하는 것과 다르게 의사소통능력을 20% 반영한다.

✓ 1단계 선발배수가 4배수에서 5배수로 확대되었다. 면접의 경쟁력이 더욱 치열해졌음을 인식해야 한다.

■수능최저기준

✓ 종합전형에 일반학과는 수능최저기준이 적용되지 않지만, 가천의약학전형은 수능최저기준이 적용된다.

단국대학교

	단국대학교 학생부 교과전형 주요사항 비교	
	2024학년도	**2025학년도**
전형명 및 모집인원	▶지역균형(교과) *263명	▶지역균형(교과) *273명(▲10)
지원자격	*고교별 추천 인원 제한 없음	〈변동사항 없음〉
전형방법	▶지역균형(교과) *263명 *교과100%	▶지역균형(교과) *273명(▲10) *교과100%
반영교과	*공통/일반선택(90%):석차등급 －국,수,영,사,과 전과목 *진로선택(10%):성취도 －국,수,영,사,과 전과목	〈변동사항 없음〉
교과성적 산출방법	*전체 모집단위에 평균석차등급별 기준점수 적용 | 석차등급	1	2	3	4 | | 기준점수 | 100 | 99 | 98 | 97 |	〈변동사항 없음〉
진로선택 과목	*진로선택:성취도 상위3과목만 반영 | 성취도	A	B	C | | 석차등급 | 1 | 2 | 5 |	〈변동사항 없음〉
수능최저 학력기준	[인문]국수영탐(1) 중 2개 합6 [자연]국수(미/기)영과(1) 중 2개 합6	국수영탐(1) 중 2개 합6

■ 추천인원

✓ 학교장추천이 필요하나 추천 인원은 제한이 없다. 선발인원은 전년도와 변함이 없다.

■ 반영교과의 반영비율 차이

계열 및 학과	반영교과 및 반영비율(%)				
	국어	수학	영어	사회/한국사	과학/한국사
인문	30	20	30	20	
자연	20	30	30		20
건축학부 건축학전공	30	30	30	10	

✓ 계열별 반영교과의 비율은 차이가 있다. 인문은 국어와 영어의 반영비율이 각각 30%로 다른 영역보다 높다. 자연은 수학과 영어의 반영비율이 각각 30%로 다른 영역보다 높다.

■ 진로선택과목

✓ 진로선택과목은 10% 반영되는데 A는 1등급, B는 2등급을 부과하기에 평균 등급이 좋아질 가능성이 있다. 국어, 영어, 수학, 사회, 과학 과목 중 성취도 상위 3과목까지만 반영한다.

■ 1, 2, 3등급 감점 폭 1점

✓ 교과 성적반영에서 1등급과 3등급까지의 환산점수 감점 폭이 1점이기에 교과성적 2등급~3등급의 학생들도 진로선택과목으로 충분히 뒤집을 수 있다.

■수능최저기준

✓수능최저기준은 계열별 구분을 두지 않고, 자연계열에서 수학과 탐구과목에 있어서 선택을 제한하는 내용이 해제되었다.

단국대학교 학생부 종합전형 주요사항 비교		
	2024학년도	2025학년도
전형명 및 모집인원	▶DKU인재(면접형) *108명	▶DKU인재(면접형) *108명
	▶DKU인재(서류형) *225명	▶DKU인재(서류형) *226명(▲1)
전형방법	▶DKU인재(면접형) *108명 *1단계:서류100%(4배수) *2단계:1단계70%+면접30%	▶DKU인재(면접형) *108명 *1단계:서류100%(4배수) *2단계:1단계70%+면접30%
	▶DKU인재(서류형) *225명 *서류100%	▶DKU인재(서류형) *226명(▲1) *서류100%
서류평가	▶평가요소 및 평가항목 *DKU인재(면접형):학업역량35%+진로역량45%+공동체역량20% *DKU인재 (서류형):학업역량45%+진로역량35%+공동체역량20%	〈변동사항 없음〉

■선발인원

✓면접형은 전년도와 똑같이 108명을 선발하고, 서류형은 전년도보다 1명 증가한 226명을 선발한다. 큰 변화 없이 전년도의 기조를 그대로 유지하고 있다.

■면접

✓1단계에서 4배수를 선발하여 2단계에서 면접을 30%를 반영하는데 전공 적합성, 발전 가능성, 인성을 기준으로 평가한다. 학생부의 기록이 축소되었기에 서류평가의 순위를 바꿀 기회가 될 수 있다.

■서류평가

✓학업역량에서는 학업성취도와 학업태도를 평가하며, 진로역량에서는 진로 의지와 진로탐색 활동과 경험을 포함한다. 공동체 역량에서는 도덕성 및 성실성과 협업과 소통능력을 평가한다.

✓면접형에서는 진로역량의 반영비율이 45%로 가장 높고, 서류형에서는 학업역량이 중시되어 45%를 반영한다.

✓서류평가 항목이 줄어들면서 전공 개념 평가에서 진로개념으로 확장되어 다양한 교과에서 전공(계열)에 대한 의지를 확인하려고 한다.

✓특정 과목의 이수보다는 진로와 관련된 탐구활동을 꾸준히 했는지를 중요하게 살핀다. 관심 분야가 변경돼도 탐색 과정이 잘 나타난다면 긍정적인 평가를 받을 수 있다.

✓세부능력 및 특기사항에서 고교 3년간의 노력과 역량에 대해 연계성을 갖고 심화평가가 이루어질 수 있다.

아주대학교

	2024학년도	2025학년도
아주대학교 학생부 교과전형 주요사항 비교		
전형명 및 모집인원	▶고교추천(교과) *276명	▶고교추천(교과) *316명(▲40)
지원자격	*학교장추천을 받은자 *고교별 추천 인원은 제한 없음	〈변동사항 없음〉
전형방법	▶고교추천(교과) *276명 *학생부100%	▶고교추천(교과) *316명(▲40) *학생부100%
반영교과	*계열구분없이 국,수,영,사,과 전과목 ※한국사 미포함	〈변동사항 없음〉
교과성적 산출방법	*전체 모집단위에 평균석차등급별 기준점수 적용	〈변동사항 없음〉

석차등급	1	2	3	4
기준점수	100	99	98	95

	2024학년도	2025학년도
진로선택 과목	*진로선택:상위 3개 과목반영	〈변동사항 없음〉

성취도	A	B	C
등급환산	1	3	5
등급점수	100	98	90

	2024학년도	2025학년도
수능최저 학력기준	[인문]국수영탐(1)중 2개 합5 [자연]국수영과(1)중 2개 합5 [의약]국수(미/기)영과(2)중 4개 합6 [약학]국수(미/기)영과(2)중 4개 합7	[인문·자연]국수영탐(1)중 2개 합5

■선발인원 증가

✓ 2024학년도 276명에서 40명 증가한 316명을 선발한다.

■학교장추천

✓ 학교장추천을 받아야 하나 고교별 추천 인원은 제한이 없다. 교과 100%에 수능 최저기준을 적용한다.

■반영교과

✓ 계열별 구분 없이 국어, 영어, 수학, 사회, 과학의 전과목을 반영하는데, 한국사는 반영하지 않는다. 학년별/교과별 가중치는 없다.

■진로선택과목

✓ 반영과목 중 상위 3개 과목을 반영한다. A에 1등급, B에 3등급, C에 5등급을 반영한다. 성취도 A를 받지 못하면 불이익이 높을 수 있다.

■수능최저학력기준

✓ 수능최저기준 선택과목이 수학과 탐구의 제한이 폐지되어, 자연계열과 인문계열이 동일하다.

■입시 결과

✓ 모집단위별 경쟁률의 차이가 뚜렷하게 나타난다. 그리고 합격자 등급 분포가 약간 넓게 나타나 입시 결과 수시등급은 70%컷이 1등급 말에서 3등급 초반까지 분포되어 있다.

아주대학교 학생부 종합전형 주요사항 비교		
	2024학년도	**2025학년도**
전형명 및 모집인원	▶ACE(종합) *586명	▶ACE(종합) *595명(▲9)
	▶첨단융합인재(종합) *92명	〈변동사항 없음〉
전형방법	▶ACE(종합) *586명 *1단계:서류100%(3배수) *2단계:1단계70%+면접30%	▶ACE(종합) *595명(▲9) *1단계:서류100%(3배수) *2단계:1단계70%+면접30%
	▶첨단융합인재(종합) *92명 *1단계:서류100%(3배수) *2단계:1단계70%+면접30%	〈변동사항 없음〉
서류평가	▶ACE:학업역량37%+진로역량35%+공동체역량28% ▶첨단융합인재:학업역량40%+진로역량45%+공동체역량15%	〈변동사항 없음〉
수능최저 학력기준	▶ACE [의약]국수(미/기)영과(2) 4개 합6 [약학]국수(미/기)영과(2) 4개 합7	▶ACE [의약]국수영탐(2)중 4개 합6 [약학]국수영탐(2)중 3개 합5

■서류평가

✓ACE인재전형에서 37%, 첨단융합인재전형에서 40% 반영되는 학업역량에서는 학업수행능력, 학업행동과 지적호기심(학업능력향상을 위한 노력)을 살펴본다.

✓진로역량은 첨단융합인재에서 45%로 가장 높이 반영되고, ACE인재에서 35%가 반영되는데 진로탐색, 진로참여, 진로성장에 의미를 둔다.

✓공동체 역량에서는 출결 등 기본적인 학교생활과 공동체 의식(나눔, 배려, 협력, 리더십)을 평가한다. ACE전형에서 28%, 첨단융합인재에서 15%가 반영된다.

■ 첨단인재전형

✓ AI모빌리티, 첨단신소재, 지능형반도체, 금융공학등의 학과에서 모집한다.
✓ 전형방법이나 서류평가 항목은 지난해와 같다.

■ 면접

✓ 제출서류를 바탕으로 1인당 10분 내외의 개별면접이 시행된다. 서류의 진실성과 의사소통능력을 종합적으로 평가한다.
✓ ACE전형 의학과는 윤리의식 등 인성을 확인하기 위한 면접을 추가로 진행한다. 총 면접시간은 20분 내외이다.
✓ 의학과의 경우 제시문 활용 면접에서 답이 정해져 있지 않은 상황을 제시해 학생의 가치관과 인성을 파악하기도 한다.
✓ 평가항목은 서류 신뢰도 80%, 의사소통능력이 20% 반영된다. 서류 신뢰도에서 교내 활동과정, 노력과 결과, 성취 등이 평가된다.

■ 수능최저학력기준

✓ 수능최저기준 선택과목이 수학과 탐구의 제한이 폐지되어, 자연계열과 인문계열이 동일하다.
✓ 의예도 수학에 선택과목 제한이 없고, 탐구에 선택과목 제한 없이 4개 합6을 요구하고, 약학은 3개 영역 합5를 요구한다.

인하대학교

인하대학교 학생부 교과전형 주요사항 비교		
	2024학년도	**2025학년도**
전형명 및 모집인원	▶지역균형(교과) *604명	▶지역균형(교과) *613명(▲9)
지원자격	*졸업예정자 *고교별 추천 인원 제한 없음	〈변동사항 없음〉
전형방법	▶지역균형(교과) *604명 *교과100%	▶지역균형(교과) *613명(▲9) *교과100%
복수지원	*인하미래인재와 복수지원 가능	〈변동사항 없음〉
교과성적 산출방법	*전체 모집단위에 평균석차등급별 기준점수 적용 <table><tr><td>석차등급</td><td>1</td><td>2</td><td>3</td><td>4</td></tr><tr><td>기준점수</td><td>10</td><td>9.8</td><td>9.6</td><td>9.4</td></tr></table>	〈변동사항 없음〉
진로선택 과목	*진로선택:상위 3과목 반영 <table><tr><td>성취도</td><td>A</td><td>B</td><td>C</td></tr><tr><td>등급</td><td>1</td><td>2</td><td>4</td></tr></table>	〈변동사항 없음〉
수능최저 학력기준	[인문]국수영탐(1) 중 2개 합6 [자연Ⅰ]국수영과(1) 중 2개 합5 [자연Ⅱ]국수(미/기)영과(1) 중 2개 합5 [의예]국수(미/기)영과(2) 중 3개 각1	[인문]국수영탐(1) 중 2개 합6 [자연]국수영탐(1) 중 2개 합5 [의예]국수영탐(2) 중 3개 각1

■ 추천인원

✓ 교과전형의 선발인원은 3명이 증가한 613명을 선발하며 학교장의 추천을 받아야 하며 추천 인원 제한은 없다.

■ 자연계 통합

✓ 자연Ⅰ은 산업경영공학과, 화학공학과, 신소재공학과, 에너지자원공학과, 통계학과, 화학과, 생명과학과, 해양과학과, 식품영양학과, 인공지능공학과를 포함했고, 자연Ⅱ는 자연Ⅰ을 제외한 자연계열 학과로 구분했는데 2025학년도에는 모두 자연계로 통합하였다.

■ 반영교과

✓ 공통 및 일반선택과목에서 인문은 국어, 영어, 수학, 사회 전과목을 반영하고, 자연은 국어, 영어, 수학, 과학 전과목을 반영한다.
✓ 진로선택과목은 성취도를 등급으로 변환하여 상위 3개 과목을 반영한다. 그리고 A는 1등급, B는 2등급, C는 4등급을 반영하므로 B 이상을 받지 못하면 불리하다고 할 수 있다.

■ 수능최저학력 기준

✓ 수능에서 수학, 탐구 필수 응시 과목 제한을 폐지하였다. 수능최저기준의 완화 효과가 나타날 수 있기에 50% 정도였던 충족률이 70% 정도로 높아질 수 있을 것으로 예상된다.
✓ 의예과도 수학 응시 과목에 제한이 없고, 사탐으로 지원이 가능하며 탐구는 2개 과목 평균을 적용한다.

인하대학교 학생부 종합전형 주요사항 비교		
	2024학년도	2025학년도
전형명 및 모집인원	▶인하미래인재(종합) *973명	▶인하미래인재(종합) *961명(▼12)
전형방법	▶인하미래인재(종합) *973명 *1단계:서류100(3.5배수/의예3배수) *2단계:1단계70+면접30	▶인하미래인재(종합) *961명(▼12) *1단계:서류100(3.5배수/의예3배수) *2단계:1단계70+면접30
서류평가	▶평가요소 및 평가항목 *기초학업역량30%:학업능력20%(학업성취도)+학습태도10%(자기주도적 학습태도) *진로탐구역량50%:진로관심20%(진로관련 교과이수내역 및 성취도)+탐구역량30%(진로탐구활동) *공동체역량20%(성실/배려/협업/리더십/의사소통)	〈변동사항 없음〉

■50%가 반영되는 진로탐구역량

✓기초학업역량을 30% 반영한다. 20%가 반영되는 학업능력은 학업성취도를 평가하고 학습태도는 10%가 반영되는데 자기주도적 학습태도에 관심을 갖는다.

✓50%가 반영될 정도로 중요한 진로탐구역량에 있어서 진로 관심은 진로 관련 교과 이수 내역 및 성취도를 평가하고 탐구역량은 진로탐구활동을 주시한다.

✓공동체역량에서는 성실, 배려, 협업, 리더십, 의사소통능력을 평가한다.

✓서류평가에서 자기주도성은 적극적인 성장 모습을 바탕으로 자신의 역량을 강화하기 위해 어떤 노력과 성취를 했는가에 주목한다.

✓지원 전공 특성에 맞게 키운 역량을 평가하고, 진로 탐색을 위해 기울인 노력과 성과를 평가하는 데 초점을 맞추고 있기에 이를 주시한 지원이 필요하다.

■**면접평가**

✓ 면접에서 기초학업역량, 진로탐구역량, 공동체역량이 반영되는데 반영비율은 33.3%로 동일하다.

✓ 2단계 면접 대상 인원 중 서류평가 2~3배수에 해당하는 지원자의 최종합격 비율이 해마다 증가 추세로 대략 55% 정도가 최종합격하고 있다.

✓ 면접은 학생부 중심으로 이루어지기에 학생부 내용을 숙지하는 것이 무엇보다 중요하다. 모의면접을 통해 면접 예상문제를 스스로 만들고, 발표하는 기회를 가져 보는 것이 도움이 된다.

제 3 장

지방거점 국립대

강원대학교

강원대학교 학생부 교과전형 주요사항 비교		
	2024학년도	**2025학년도**
전형명 및 모집인원	▶일반전형(교과) *750명	▶일반전형(교과) *774명(▲24)
	▶지역인재(교과) *479명	▶지역인재(교과) *508명(▲29)
지원자격	*졸업(예정)자	〈변동사항 없음〉
전형방법	▶일반전형(교과) *750명 *학생부 교과100%	▶일반전형(교과) *774명(▲24) *학생부 교과100%
	▶지역인재(교과) *479명 *학생부 교과100%	▶지역인재(교과) *508명(▲29) *학생부 교과100%
교과성적 반영	▶인문,자연,공학:국,영,수,사,과,한국사 전과목	〈변동사항 없음〉
교과성적 산출방법	석차등급 1 2 3 4 기준점수 1,000 970 940 910	〈변동사항 없음〉
진로선택 과목	*진로선택:등급별 기준점수 *진로선택교과 가산점 15점 부여 성취도 A B C 배점 15 9 3	*공통/일반선택과목90%+진로선택과목10%
수능최저 학력기준	▶일반전형/지역인재 [경영,사과,인문,예,공과,자전(인사)]국,수,영,탐(1) 중 3개 합13/14 [사범(인문사회)]국,수,영,탐(1) 중 3개 합10/11 [농생,동생,문예(공학),산림환경,의생명,자과,자유(자연),IT]국,수,영,탐(1) 중 3개 합14/15 [사범(자연)]국,수,영,탐(1) 중 3개 합11/12	〈변동사항 없음〉

■ 선발인원

✓ 일반전형으로 전년도보다 24명 증가한 774명을 선발한다. 종합전형에 비해서 거의 2배나 많은 인원을 교과전형으로 선발한다.

✓ 지역인재전형도 전년도에 비해 29명이 증가한 508명을 선발한다. 일반전형과 지역인재전형 모두 수능최저기준을 반영한다.

■ 교과반영

✓ 학생부 반영교과는 국어, 수학, 영어, 사회, 과학, 한국사에 속한 전과목을 석차 등급과 이수 단위를 활용하여 반영된다.

✓ 반영교과 중 성취도가 높은 상위 3과목의 평균 점수에 가산점을 부여한다. A는 15점, B는 9점, C는 3점을 부여한다.

■ 교과 평가방법

✓ 2024학년도에는 교과 만점에 1,000점에 진로 교과 가산점 15점을 부여했다. 2025학년도에는 공통과목과 일반선택과목은 90%를 반영하고 진로선택과목은 10%를 반영한다.

✓ 정성평가는 교과 이수 충실도의 배점이 30점이고, 학업 수행 충실도의 배점이 70점이다.

■ 수능최저학력기준(일반/자연)

✓ 사범대학(과교), 의생명, 자과, 자전(자연), IT대학 계열은 과학탐구를 필수로 반영한다.

✓ 사범대학 수학교육과는 수학을 미적분과 기하 중 1과목을 택해야 한다.

✓ 수의과, 약학, 의과대학은 과탐이 필수이고, 수학은 미적분과 기하 중 1과목을 필수로 반영한다.

✓ [의예] 국어, 수학(미/기), 영어, 과학(1) 중 3개 영역 합5/6이다.

✓ [수의, 약학] 국어, 수학(미/기), 영어, 과학(1) 중 3개 영역 합7/8이다.

강원대학교 학생부 종합전형 주요사항 비교		
	2024학년도	**2025학년도**
전형명 및 모집인원	▶미래인재Ⅰ(종합) *469명	▶미래인재Ⅰ(종합) *491명(▲22)
	▶미래인재Ⅱ(종합) *301명	▶미래인재Ⅱ(종합) *321명(▲20)
전형방법	▶미래인재Ⅰ(종합) *469명 *서류평가100%	▶미래인재Ⅰ(종합) *491명(▲22) *서류평가100%
	▶미래인재Ⅱ(종합) *301명 *1단계:서류평가100%(4배수) *2단계:1단계60%+면접40%	▶미래인재Ⅱ(종합) *321명(▲20) *1단계:서류평가100%(4배수) *2단계:1단계60%+면접40%
서류평가	▶평가 영역 및 반영비율 *학업역량30%(학업성취/학업의지와 태도/탐구력과 사고력)+전공적합성25%(전공관련 과목이수, 성취도/전공관심과 이해/진로개발 활동과 경험)+인성24%(공동체의식 협업능력/성실성과 책임감/의사소통능력)+발전가능성21%(도전정신/자기주도성/자기관리능력)	*학업역량40%(학업성취도,학업태도,탐구력)+진로역량30%(계열관련 교육과 이수노력,계열관련 교과성취도,진로탐색 활동과 경험)+공동체역량30%(협업과 소통능력,나눔과 배려,성실성과 규칙준수)
수능최저 학력기준	▶미래인재Ⅰ [간호]국,수,영,탐(1) 중 3개 영역 합11 [수의예]국,수(미/기),영,과(1) 중 3개 영역 합8	〈변동사항 없음〉

■서류평가

✓미래인재Ⅰ 서류평가에서 학업역량을 평가하는데 평가 항목으로는 학업성취도, 학업태도, 탐구력이다.

✓진로역량 평가에서는 계열 관련 교육과 이수 노력, 계열 관련 교과 성취도, 진로 탐색 활동과 경험을 평가한다.

✓공동체 역량이 30%를 차지하는데 협업과 소통능력, 나눔과 배려, 성실성과 규칙준수를 평가한다.

■면접평가

✓수험생 1인당 10분 내외로 수험생 1인당 2인 이상의 면접위원의 서류 확인 면접으로 시행된다.

✓평가요소는 2024학년도에는 학업역량, 인성, 잠재역량으로, 각각 50%, 30%, 20%를 반영했는데, 2025학년도에도 서류평가 요소와 동일한 평가요소와 항목을 사용한다.

■합격자 평균 입시 결과

✓미래인재전형의 인문계 합격자 평균은 2등급 후반에서 4등급 중반까지 폭넓게 분포되어 나타난다. 교육학과 2.64, 영어교육 3.2, 미디어커뮤니테이션이 3.49, 경영회계가 3.94 정도이고 국제무역 4.38, 영상문화 4.28로 나타난다.

✓자연계는 3등급 중반부터 4등급 중반에 분포되어 있다. 화공생명 3.30, 건축 3.46, 수학교육 3.21, 의생명융합 3.83 정도에서 형성되고, 물리 4.31, 수학과 4.57, 화학생화학 4.14, AI융합 4.12 정도이다.

경북대학교

경북대학교 학생부 교과전형 주요사항 비교		
	2024학년도	**2025학년도**
전형명 및 모집인원	▶교과우수자(교과) *1,542명	▶교과우수자(교과) *1,284명(▼258)
	▶지역인재전형(교과) *352명	▶지역인재전형(교과) *465명(▲103)
지원자격	*졸업(예정)자	〈변동사항 없음〉
전형방법	▶교과우수자(교과) *1,542명 *교과80%+서류(교과이수충실도)20%	▶교과우수자(교과) *1,284명(▼258) *교과80%+서류(교과이수충실도)20%
	▶지역인재전형(교과) *352명 *교과80%+서류(교과이수충실도)20%	▶지역인재전형(교과) *465명(▲103) *교과80%+서류(교과이수충실도)20%
반영방법	▶국,수,영,사,과,한국사	〈변동사항 없음〉

교과성적 산출방법	석차등급	1	2	3	4	〈변동사항 없음〉
	기준점수	400	390	380	370	

진로선택 과목	성취도	A	B	A	B	〈변동사항 없음〉
	기준점수	100	100	100	99	

| **수능최저 학력기준** | [경상,사범,간호,IT행정]국,수,영,탐) 중 2개 영역 합5
[인문,사과,자과,공과,농생과,생과,자율전공,혁신신약,융합]국수영탐(1) 중 2개 영역 합6
[의예,치의예]국,수(미/기하),영,과(2) 중 과탐포함 3개 영역 합4
[수의,약학]국,수(미/기),영,과(2) 과탐포함 3개 영역 합5 | [경상,사범(인문),간호,인사자율]국,수,영,탐(1) 중 2개 영역 합5
[인문,사과,식자경,산림·조경,아동]국,수,영탐(1) 중 2개 영역 합6
[사범(자연),자과자율]국,수,영,과(1) 중 2개 영역 합5
[자과,농생(산림·조경제외),생과−아동제외]국,수,영,과(1) 중 2개 영역 합6
[컴퓨터학부 글로벌소프트전공]국,수,영,탐(1) 중 2개 영역 합5※수학포함 |

경북대학교 학생부 교과전형 주요사항 비교		
	2024학년도	**2025학년도**
		[공과]국,수,영,과(1) 중 2개 영역 합6 ※수학포함 [IT]국,수,영,과(1) 중 2개 영역 합5 ※수학포함 [의예,치의예]국,수,영,과(2) 중 과탐포함 3개 영역 합4 [수의,약학]국,수,영,과(2) 중 과탐포함 3개 영역 합5

■모집인원 변동

✓ 모집인원이 교과우수자에서는 2024학년도에 비해 258명이 감소한 1,284명을 선발하고, 지역인재전형에서는 113명이 증가한 465명을 선발한다.

■서류평가 20%

✓ 학생부 교과우수자와 지역인재전형의 평가요소는 동일하다.

✓ 교과학습 발달상황의 자료 중 일부를 반영하는데 교과 세부능력 및 특기사항은 반영하지 않는다.

✓ 평가항목 중의 하나인 교과 이수 현황에서는 공통과목과 일반, 진로선택과목의 이수 정도가 대학 학업을 수행하기에 적절한가를 평가한다.

✓ 진로선택과목 이수 및 성취도를 평가하는데 진로선택과목의 이수와 성취도가 지원 모집단위에 적절한가를 평가한다.

■입시 결과

✓ 교과우수자 합격자 평균은 2등급 중반에서 3등급 중반에 분포되어 있다. 국어교육 1.93, 심리학과는 2.16등급, 고고인류학과 3.61, 한문학과는 3.56 정도에서 형성되었다.

✓자연계도 2등급 중반에서 3등급 초반에서 형성되었다. 전자공학부 1.90, 수학교육과 1.96, 생명공학부는 2.07, 화학공학과 2.00등급에서 형성되었다.

경북대학교 학생부 종합전형 주요사항 비교		
	2024학년도	**2025학년도**
전형명 및 모집인원	▶일반학생(종합) *803명	▶일반학생(종합) *791명(▼12)
	▶지역인재전형(종합) *279명	▶지역인재전형(종합) *355명(▲76)
	▶SW특별(종합) *10명	▶SW특별(종합) *10명
전형방법	▶일반학생(종합) *803명 *서류100%	▶일반학생(종합) *791명(▼12) *서류100%
	▶지역인재전형(종합) *279명 *1단계:서류100%(4~5배수) *2단계: 1단계70%+면접30%	▶지역인재전형(종합) *355명(▲76) *1단계:서류100%(4~5배수) *2단계:1단계70%+면접30%
	▶SW특별(종합) *10명 *1단계:서류100%(5배수) *2단계:1단계70%+면접30%	〈변동사항 없음〉
서류평가	▶일반학생(의,치,수의제외) *학업역량30%+진로역량50%+공동체역량20% ▶일반학생(의,치,수의),SW특별 *학업역량40%+진로역량45%+공동체역량15%	〈변동사항 없음〉
수능최저 학력기준	[의예,약학,치의학]국,수(미/기하 중 택1),영,과 중 수학포함 3개 영역 합4 [간호]국,수(미/기 중 택1),영,과 중 수학포함 2개 영역 합6	[의예,치의예]국,수,영,과 중 과탐포함 3개 영역 합4 [수의]국,수,영,과 중 과학포함 3개 영역 합5

■선발인원 확대

✓ 일반전형은 2024학년도에 비해 12명이 감소한 791명을 모집하고, 지역인재전형은 76명이 증가한 355명을 선발한다.

■서류평가

▶일반 학생(의대, 치대, 수의대 제외)

✓ 진로역량이 50%일 정도로 중시되는데 진로탐색 활동 및 노력이 40%, 전공(계열) 관련 교과이수 정도를 10% 반영한다.

✓ 학업역량에서는 자기주도적 학업 노력의 평가에 30%를 부여한다.

▶일반 학생(의대, 치대, 수의대), SW특별

✓ 진로역량의 비중이 45%인데 진로탐색 활동 및 노력이 가장 많은 30%이고, 전공(계열) 관련 교과이수 정도에 10%를 부과하고 전공(계열) 관련 교과 성취도에는 5%를 부여한다.

✓ 학업역량의 비중이 40%인데 자기주도적 학업 노력에 30%, 학업성취도에 10%를 부여하여 평가한다.

■입시 결과

✓ 일반 학생 합격자 평균은 3등급 초반에서 4등급 초반에 분포되었다. 국어교육 2.65, 심리학과는 3.24등급, 정외 2.67, 영어교육 2.59 정도에서 형성되었다.

✓ 자연계도 3등급 초반에서 3등급 후반에서 형성되었다. 전자공학부 2.60, 수학교육과 2.62, 생명공학부는 3.11, 화학공학과 2.69등급에서 분포되었다.

부산대학교

부산대학교 학생부 교과전형 주요사항 비교		
	2024학년도	2025학년도
전형명 및 모집인원	▶학생부교과(교과) *949명 ▶지역인재(교과) *395명	▶학생부교과(교과) *932명(▼17) ▶지역인재(교과) *407명(▲12)
지원자격	*졸업(예정)자	〈변동사항 없음〉
전형방법	▶학생부교과(교과) *941명 ▶지역인재(교과) *398명 *교과80%:석차등급활용,공통과목 및 일반선택과목 전체 *학업역량평가20%:성취도,세부능력 및 특기사항,진로선택과목 및 전문교과과목의 교과	▶학생부교과(교과) *932명(▼17) ▶지역인재(교과) *407명(▲12) *교과80%:석차등급활용,공통과목 및 일반선택과목 전체 *학업역량평가20%:성취도,세부능력 및 특기사항,진로선택과목 및 전문교과과목의 교과
교과성적 산출방법	석차등급: 1 / 2 / 3 / 4 기준점수: 100 / 99 / 98 / 97	〈변동사항 없음〉
수능최저 학력기준	*학생부교과/지역인재 [경영]국수영탐(1) 중 3개 합7 [인문사회(경영외)]국수영탐(1) 중 2개 합4 [자과(생과,미생물,분자생물제외]국수(미/기하 중 택1)영과(1) 중 수학포함 2개 영역 합5 [자과(생과,미생물,분자생물),사범(생교)] 국수(미/기하 중 택1)영탐(1) 중 수학포함 2개 영역 합5 [공대(도공,건축)]국수영탐(1)중 수학 포함 2개 합5 [생자과(IT,조경제외]국수영탐(1) 중 2개 합6 [식영,IT응공,조경]국수영탐(1) 중 2개 합6	*학생부교과/지역인재 [경영]국수영탐(1) 중 3개 합7 [인문사회(경영외)]국수영탐(1) 중 2개 합4 [자과,공과,간호,나노,정보의생공]국수(미/기하 중 택1)영과(1) 중 수학포함 2개 합5 [자과(생과,미생물,분자생물,대기환경)]국수영과(1) 중 2개 합5 [공대(건설융합(건축)]국수영탐(1)중 수학포함 2개 합5 [생자과(IT,조경제외]국수영과(1) 중 2개 합6 [식영,IT응공,조경]국수영탐(1) 중 2개 합6

■ 선발인원

✓학생부 교과로 17명이 감소된 932명, 지역인재는 12명이 증가한 407명을 선발한다. 종합전형에 비해서 2배 이상의 많은 인원을 교과전형으로 선발한다.

■ 교과반영

✓학생부 반영교과는 국어, 수학, 영어, 사회, 과학, 한국사가 석차등급과 이수 단위를 활용하여 반영된다.

✓학생부 교과와 지역인재전형에서 교과 80%, 학업역량평가가 20% 반영된다. 지방거점대학으로써는 경북대와 함께 교과전형에 서류평가를 반영하기에 정성평가적 요소의 경쟁력을 가늠하고 지원해야 한다.

■ 학업역량평가

✓학업역량평가는 학업역량 13%, 진로역량 7%의 비율로 반영된다.

✓학업역량은 교과 이수 노력을 평가요소로 하고, 진로역량은 교과 위계성, 학업성취도를 평가요소로 한다.

✓교육과정 편성표를 전형자료로 참조하고 교과학습 발달상황에서 세부능력 및 특기사항은 제외한다.

■ 수능최저학력기준(지역인재)

✓[의예, 치·한학·석사통합] 국어, 수학(미/기하 중 택1), 영어, 과학(1) 중 수학 포함 3개 영역 합4이다.

부산대학교 학생부 종합전형 주요사항 비교		
	2024학년도	2025학년도
전형명 및 모집인원	▶학생부종합(종합) *441명	▶학생부종합(종합) *547명(▲106)
	▶지역인재(종합) *173명	▶지역인재(종합) *166명(▼7)
전형방법	▶학생부종합(종합) *450명 ▶지역인재(종합) *155명 *1단계:서류100%(3~4배수) *2단계:1단계80%+면접20%	▶학생부종합(종합) *547명(▲106) ▶지역인재(종합) *166명(▼7) *1단계:서류100%(3~4배수) *2단계:1단계80%+면접20%
서류평가	▶평가영역 및 반영비율 *학업역량40%:학업준비도, 학업주도성 *진로역량40%:전공(계열)적합성, 성장가능성 *사회역량20%:사회성 및 인성	〈변동사항 없음〉
수능최저 학력기준	*지역인재 [의예]국수(미/기하 중 택1)영과 중 수학포함 3개 영역 합4 [약학,치의학]국수(미/기하 중 택1)영과(1) 중 수학포함 3개 영역 합4 [간호]국수(미/기 중 택1)영과(1) 중 수학포함 2개 영역 합6	〈변동사항 없음〉

■모집인원

✓종합전형에서는 지난해보다 106명이 증가한 547명을 선발한다.

✓종합전형 지역인재에서는 7명이 감소된 166명을 선발한다.

■서류평가

✓학업역량과 진로역량이 가장 높이 평가되어 각각 40%씩 반영된다. 사회역량은 20%가 반영된다.

✓학업역량의 평가요소는 학업 준비도와 학업 주도성이고, 진로역량에서는 계열 적합성과 성장 가능성을 평가한다. 사회역량은 사회성 및 인성을 평가한다.

■면접평가

✓1인당 면접시간은 10분 내외이며 다수의 평가자가 면접응시자 1인을 면접한다.

✓학생부를 기초로 잠재적 역량과 사회적 역량을 평가한다. 잠재적 역량에서는 기존의 평가 기준과 동일하고 사회적 역량에서는 협업능력과 리더십, 의사소통능력, 공동체의식, 성실성과 규칙준수를 평가한다.

✓지역인재전형 의과대학은 10분 동안 답변 준비를 하고, 잠재적 역량 10분과 사회적 역량을 10분 내외로 총 30분 내외의 면접을 실시한다.

✓잠재적 역량에서 일반학과와는 달리 지원계열 관련 탐구 노력, 창의성, 독창성 평가가 추가되고, 공통문제 답변을 요구하는 잠재적 역량 평가에서는 발전 가능성, 문제해결능력, 의사소통 능력이 추가된다.

■복수지원

✓하나의 전형에서는 하나의 모집 단위에만 지원이 가능하다. 동일 전형 내 모집단위 간 복수지원은 불가능하다.

■수능최저학력기준

✓학생부 종합전형과 지역인재전형은 수능최저기준을 적용하지 않는다. 단지 지역인재전형의 의예과, 약학부, 치의학, 간호대학에 한해 적용한다.

전남대학교

	전남대학교 학생부 교과전형 주요사항 비교	
	2024학년도	2025학년도
전형명 및 모집인원	▶일반학생(교과) *1,143명	▶일반학생(교과) *1,188명(▲45)
	▶지역인재(교과) *933명	〈변동사항 없음〉
지원자격	*졸업(예정)자	〈변동사항 없음〉
전형방법	▶일반학생(교과) *1,143명 *학생부100%	▶일반학생(교과) *1,188명(▲45) *학생부100%
	▶지역인재(교과) *933명 *학생부100%	〈변동사항 없음〉
반영방법	▶국,수,영,사,과,한국사, 제2외국어/한문 교과 전과목 반영	〈변동사항 없음〉
교과성적 산출방법	석차등급 1 2 3 4 / 기준점수 100 95 90 85	〈변동사항 없음〉
진로선택 과목	성취도 A B C / 가산점 1.5 1.0 0.5	성취도 A B C / 등급점수 15 9 3
수능최저 학력기준	*일반학생 [치의예]국,수(미/기),영,과(1) 중 3개 합5 [수의,약학]국,수(미/기),영,과(1) 중 3개 합6 [경영]국,수,영,탐(1) 중 3개 영역 합9 [간호,자율전공]국,수,영,탐(1) 중 2개 합6 [사범대학(수교,물교,화교,생교,지교)]국,수(미/기),영과(1) 중 2개 합7 [사범대학(그외 모집단위)]국,수,영,탐(1) 중 2개 합7 [공과대학]국,수(미/기),영,과(1) 중 2개 합7	〈변동사항 없음〉

전남대학교 학생부 교과전형 주요사항 비교		
	2024학년도	2025학년도
수능최저 학력기준	[자연과학대학(수학,통계,물리)]국,수(미/기), 영,탐(1) 중 2개 합8 [농업생명,사회,생과,인문,자과,예술]국,수,영, 탐(1) 중 2개 영역 합8 [AI융합]수(미/기),영,과(1) 중 2개 영역 합8 [수산해양(수산생명,해양경찰)]국, 수,영,탐 (1) 중 2개 합12	

■선발인원 증감

✓ 일반학생은 45명이 증가한 1,188명을 선발하고, 지역인재는 933명을 모집하는데 전년도와 변동이 없다.

✓ 지역인재전형에서 의대 신입생을 80명까지 확대하여 지역 비율이 80%까지 높아진다. 조선대의 59%, 전북대 63%, 원광대 44% 등 호남권 4개 대학 가운데 가장 높은 비율이다.

■교과반영

✓ 일반학생의 경우 반영과목은 국어, 영어, 수학, 사회, 과학, 한국사, 제2외국어/한문 교과 전과목을 반영한다. 제2외국어/한문 교과군은 인문대학 모집단위만 반영한다.

✓ 교과성적은 1,000점 만점에 기본점수 735점을 반영하므로 실질 반영점수는 공통/일반선택이 250점, 진로선택과목은 15점이다.

■진로선택과목

✓ 진로선택과목은 반영교과(군) 중 성취도 상위 3개 과목을 성위도에 따른 점수로 환산하여 반영한다. A는 15점, B는 9점, C는 3점의 가산점을 부여한다.

■입시 결과

✓2023학년도 일반학생의 70%컷은 3등급 중반에서 4등급 초반까지 분포되었다. 단 사범대의 국어교육이 2.67, 미디어커뮤니케이션이 2.10, 사학과 3.91 정도에서 형성되었다.

✓자연계는 70%컷이 3등급 후반에서 4등급 초중반에서 형성되었다. 화공이 3.3, 전기공학이 3.02, 소프트웨어가 3.4에서 형성되고 산업정도 4.5, 농생물 4.73, 물리가 4.8 정도에서 형성되었다.

전남대학교 학생부 종합전형 주요사항 비교		
	2024학년도	**2025학년도**
전형명 및 모집인원	▶고교생활우수자Ⅰ(종합) ＊702명	▶고교생활우수자Ⅰ(종합) ＊673명(▼29)
	▶고교생활우수자Ⅱ(종합) ＊313명	▶고교생활우수자Ⅱ(종합) ＊160명(▼153)
전형방법	▶고교생활우수자Ⅰ(종합) ＊702명 ＊1단계:서류100%(4/6배수) ＊2단계:1단계70%+면접30%	▶고교생활우수자Ⅰ(종합) ＊702명(▼29) ＊1단계:서류100%(4/6배수) ＊2단계:1단계70%+면접30%
	▶고교생활우수자Ⅱ(종합) ＊313명 ＊서류100%	▶고교생활우수자Ⅱ(종합) ＊160명(▼153) ＊서류100%
서류평가	▶평가요소 및 반영비율 ＊전공(계열)준비도 및 학업수행역량 60%+학업외 소양+인성역량40%	▶평가요소 및 반영비율 ＊진로역량+학업역량+공동체역량
수능최저 학력기준	▶고교생활우수자유형Ⅰ [의과]국,수(미/기),영,과(2) 중 3개 합5 [치의학대학원]국,수(미/기),영,과(1) 중 3개 합6 [수의과,약학]국,수(미/기),영,과(1) 중 3개 합7	〈변동사항 없음〉

■ 전형별 특징

▶학생부 종합전형 I

✓ 광주캠퍼스에서 모집하는데 1단계에서 일반학과는 4배수를 선발하고 의학계열은 6배수를 선발한다. 2단계에서 면접이 30% 반영된다.

✓ 전년도에 비해 29명이 감소한 673명을 선발한다.

▶학생부 종합전형 II

✓ 여수캠퍼스에서 모집하는데 면접없이 서류평가 100%로 선발한다.

✓ 전년도에 비해 153명이 감소한 160명을 선발한다.

■ 서류평가

✓ 고교생활우수자 I과 고교생활우수자 II에서 공통으로 서류평가에서 진로역량, 학업역량, 공동체역량을 평가한다.

✓ 고교생활우수자 I는 700점 만점에 350점이 기본점수이고, 고교생활우수자 II는 1,000점 만점에 500점이 기본점수이다.

■ 면접평가

✓ 학교생활기록부를 바탕으로 15분 이내의 개별 면접이 실시된다. 3명의 면접관이 평가한다.

✓ 진로·학업역량, 공동체역량이 면접에서 평가된다. 학업역량에서는 모집단위에 대한 관심 및 이해도, 학업 관련 활동 참여 및 노력 등을 살펴본다.

✓ 공동체역량에서는 공동체에 대한 이해와 관심, 나눔과 배려 그리고 경험 등을 살펴본다.

전북대학교

	전북대학교 학생부 교과전형 주요사항 비교	
	2024학년도	**2025학년도**
전형명 및 모집인원	▶일반학생(교과) *1,294명	▶일반학생(교과) *1,293명(▼1)
지원자격	*졸업(예정)자	〈변동사항 없음〉
전형방법	▶일반 학생(교과) *1,294명 *교과100%	▶일반 학생(교과) *1,293명(▼1) *교과100%
반영방법	▶국,수,영,사(역사/도덕포함),과,한국사 총 6개 교과군 반영	〈변동사항 없음〉
교과성적 산출방법	석차등급 1 2 3 4 기준점수 9.80 9.30 8.80 8.30	〈변동사항 없음〉
진로선택 과목	성취도 A B C 등급 1.5 1.0 0.5	〈변동사항 없음〉
수능최저 학력기준	[인문계(국교,영교 제외)]국수영탐(1) 중 2개 합8 [국교,영교] 국수영탐(1) 중 2개 합6 [자연계(이류,과학,한약자원,생태조경,간호,수교,수학,과교,수의,약학,의예,치의 제외)] 수+국영탐(1) 중 2개 합8 [간호]국수영탐(1) 중 2개 영역 합6 [의류,과학,한약자원,생태조경]국수영탐(1) 중 2개 합8 [수학교육]수(미/기)+국영탐(1) 중 2개 영역 합7(단, 수학3등급 이내) [수학과]수(미/기)+국영탐(1) 중 2개 합8 [과교]수과(1) 2개 영역 합10	〈변동사항 없음〉

전북대학교 학생부 교과전형 주요사항 비교	
2024학년도	2025학년도
[수의예,약학]수(미/기)+국영과(1) 중 3개 합7 [의예]수(미/기)+국영과(2) 중 4개 합5 [치의예]수(미/기)+국영과(1) 중 3개 합6	

■학과통합

✓ 2025학년도부터 공대, 농생대, 사회대, 상대, 생활대, 자연대가 1개의 모집단위로 통합될 계획이다.

■교과반영

✓ 일반 학생의 경우 반영과목은 국어, 영어, 수학, 사회(역사/도덕 포함), 과학, 한국사 등 총 6개 교과군을 반영한다.

✓ 교과성적은 1,000점 만점에 기본점수 930을 반영하므로 실질 반영점수는 70점이다.

✓ 지정 교과인 국어, 수학, 영어, 사회, 과학 내 진로선택과목에 한한다. 상위 3과목에 가산점을 부여한다. A는 1.5점, B는 1점, C는 0.5점의 가산점을 부여한다.

■입시 결과

✓ 합격자 70%컷은 3등급 초반에서 4등급 초반까지 형성되어 있다. 국어교육이 2.67, 미디어 2.1, 경영 2.73 정도에서 형성되고, 주거환경 4.6, 중어중문이 4.1에서 형성되었다.

✓ 자연계 합격자의 70%컷은 3등급 중반에서 4등급 중반에 분포되어 있다. 전기공학 3, 화공 3.3 정도에서 형성되고, 산업정보 4.52, 신소재(전자재료) 3.62, 항공우주가 4.3 정도에서 형성되었다.

전북대학교 학생부 종합전형 주요사항 비교	
2024학년도	**2025학년도**
전형명 및 모집인원 ▶큰사람(종합) *479명 ▶SW인재(종합) *3명	▶큰사람(종합) *504명(▲25) 〈변동사항 없음〉
전형방법 ▶큰사람(종합) *479명 *1단계:서류100%(3배수) *2단계:1단계70%+면접30% ▶SW웨어(종합) *3명 *1단계:서류100%(3배수) *2단계:1단계70%+면접30%	▶큰사람(종합) *504명(▲25) *1단계:서류100%(3배수) *2단계:1단계70%+면접30% 〈변동사항 없음〉
서류평가 ▶평가요소 및 반영비율 *학업역량 및 전공전합성40%+성장 및 발전가능성40%+인성 및 사회성 20%	〈변동사항 없음〉
수능최저 학력기준 [간호]국수영탐(1) 중 2개 영역 합6 [수의예,약학]수(미/기)+국영과(1) 중 3개 합7 [의예]수(미/기)+국영과(2) 중 4개 합6 [치의예]수(미/기)+국영과(1) 중 3개 합6	〈변동사항 없음〉

■ 서류평가

✓ 학업역량 및 전공 적합성을 40% 반영한다. 학업성취도 및 학업성적 추이, 전공 관련 활동 및 경험, 전공 관련 교과목 이수 및 성취도를 평가한다.

✓ 성장 및 발전 가능성도 40%를 반영하는데 자기주도성, 탐구능력 및 종합적 사고력, 문제해결능력을 평가한다.

✓ 인성 및 사회성을 20% 반영하는데 책임감 및 성실성, 나눔과 배려, 리더십을 반영한다.

■ 면접평가

✓ 면접평가 지원자 1인에 대해 3인의 면접위원이 1단계 서류 내용을 바탕으로 약 10분 내외로 평가를 실시한다.

✓ 전공 적합성 및 발전 가능성을 70% 반영하는데 종합적 사고력, 전공에 대한 이해도 및 흥미, 학업 및 진로계획, 도전 및 모험정신을 평가한다. 인성 및 사회성의 반영비율이 30%에 이른다.

■ 입시 결과

✓ 큰사람전형 인문계 70%컷은 2등급 후반에서 3등급 중반에 분포한다. 국어교육 2.82, 사회학과는 3.78등급 정도이고 일본, 중어중문의 어학 계통은 4등급 중반에서 형성되었다.

✓ 큰사람전형 자연계 70%컷은 3등급 후반에서 4등급 중반에 분포되었다. 전기공학 3.54, 화학공학부 3.33, 컴퓨터인공지능 3.67에서 형성되었고, 생물환경화학 4.63, 목재응용이 4.82 정도였다.

충남대학교

충남대학교 학생부 교과전형 주요사항 비교		
	2024학년도	2025학년도
전형명 및 모집인원	▶일반(사범제외)(교과) *1,106명	▶일반(사범제외)(교과) *1,129명(▲23)
	▶일반(사범)(교과) *59명	〈변동사항 없음〉
	▶국가안보(국토안보학)(교과) *11명	〈변동사항 없음〉
지원자격	*졸업(예정)자	〈변동사항 없음〉
전형방법	▶일반(사범제외)(교과) *1,106명 *교과100%	▶일반(사범제외)(교과) *1,129명(▲23) *교과100%
	▶일반(사범)(교과) *59명 *1단계:교과100%(3배수) *2단계:1단계80%+면접20%	〈변동사항 없음〉
	▶국가안보(국토안보학)(교과) *11명 *1단계:교과100%(5배수) *2단계:1단계71.4%%+면접14.3%+체력평가14.3%	〈변동사항 없음〉
반영방법	▶국,수,영,사(역사/도덕 포함),과,기술,가정,제2외국어,한문	〈변동사항 없음〉
교과성적 산출방법	석차등급 1 2 3 4 기준점수 100 90 80 70	〈변동사항 없음〉
진로선택 과목	*진로선택:상위 3과목 반영 성취도 A B C 등급 1등급 누적비율 누적비율	〈변동사항 없음〉
수능최저 학력기준	[인문,사과,경상,농경,자전,국제]국영및탐 합산11 [사범(국교,영교,교육)]국영및탐 합산8 [자과(수학,정통외,공과,생화(식영),생명시스템)]국영및과탐 합산12	[인문,사과,경상,농경,자전,국제]국영및탐(1) 합산11 [사범(국교,영교,교육)]국영및탐(1) 합산9 [자과(수학,정통외,공과,생화(식영),생명시스템)]국영및과탐(1) 합산12

충남대학교 학생부 교과전형 주요사항 비교		
	2024학년도	**2025학년도**
수능최저 학력기준	[농생(자연),생과(의류,소비자),사범(건공교,기공교,전·전·통,화공,기교)]수영및과탐 합산12 [자과(수학,정통)]수학(미/기)영및과탐 합산12 [사범(수교)]수(미/기)영및과탐 합산9 [약학]수(미/기),영및과탐 합산5 [의과]수(미/기)영및과탐 합산5 [수의과]수(미/기)영및과탐 합산6	[농생(자연),사범(건공교,기공교,전·전·통,화공,기교)]수영및과탐(1) 합산12 [자과(수학,정통)]수(미/기)영및과탐(1) 합산12 [생과(의료,소비)]수영및과탐(1) 합산13 [사범(수교)]수(미/기)영및과탐(1) 합산10 [약학]수(미/기),영및과탐(2) 합산5 [의과]국영및과탐(2) 중 상위 2과목과 수(미/기) 합산4 [수의과]수(미/기)영및과탐(2) 합산6

■진로선택과목

✓ 성취도 A에는 학생 비율에 관계없이 1등급을 부여한다.

✓ 성취도 B에는 누적비율(성취도 B의 학생 비율+성취도 C의 학생 비율)에 해당하는 석차등급을 부여한다.

✓ 성취도 C에는 누적비율(성취도 C의 학생 비율)에 해당하는 석차등급을 부여한다.

■면접

✓ 면접을 치르는 사범대학에서 100점 만점에 기본점수 80점을 부여하는데 실질 반영점수는 20점이다.

✓ 면접에서는 인성, 대인관계 능력 및 리더십, 전공 부합도 및 창의성, 논리적 사고 능력 및 자기 관리능력을 평가한다.

■수능최저학력기준

✓ 2024학년도에는 탐구를 2과목 합산을 반영했는데, 2025학년도에는 1과목을 반영한다. 단 약학, 의예, 수의예는 과탐 2과목 평균을 반영한다.

충남대학교 학생부 종합전형 주요사항 비교		
	2024학년도	2025학년도
전형명 및 모집인원	▶학생부종합 I (일반)(종합) *511명	▶학생부종합 I (일반)(종합) *534명(▲23)
	▶학생부종합 I (서류)(종합) *291명	▶학생부종합 I (서류)(종합) *298명(▲7)
	▶학생부종합 II (SW웨어)(종합) *4명	〈변동사항 없음〉
	▶학생부종합 II (국가안보융합인재)(종합) *국가안보12명/해양안보32명	〈변동사항 없음〉
전형방법	▶학생부종합 I (일반)(종합) *511명 *1단계:서류100%(2~3배수) *2단계:1단계66.7%+면접33.3%	▶학생부종합 I (일반)(종합) *534명(▲23) *1단계:서류100%(2~3배수) *2단계:1단계66.7%+면접33.3%
	▶학생부종합 I (서류)(종합) *291명 *서류100%	▶학생부종합 I (서류)(종합) *298명(▲7) *서류100%
	▶학생부종합 II (SW웨어)(종합) *4명 *1단계:서류100%(3배수) *2단계:1단계66.7%+면접33.3%	〈변동사항 없음〉
	▶학생부종합 II (국가안보융합인재)(종합) *국토안보12명/해양안보32명	〈변동사항 없음〉
서류평가	▶학생부 종합전형 I *학업역량40%+전공전합성30%+발전가능성20%+인성10% ▶학생부 종합전형 II *학업역량30%+전공전합성40%+발전가능성20%+인성10%	〈변동사항 없음〉
수능최저 학력기준	[사범(국교,영교,교육)]국영및탐 합산9 [사범(건공,기공,전·전·통,화공,기교),간호]수영및과탐 합산12 [사범(수교)]수(미/기)영및과탐 합산10 [약학]수(미/기),영및과탐(2) 합산6 [의과]국영및과탐(2) 중 상위 2과목과 수(미/기) 합산5 [수의과]수(미/기)영및과탐(2) 합산7	[사범(국교,영교,교육)]국영및탐(1) 합산9 [사범(건공,기공,전·전·통,화공,기교)간호]수영및과탐(1) 합산12 [사범(수교)]수(미/기)영및과탐(1) 합산10 [약학]수(미/기)영및과탐(2) 합산6 [의과]국영및과탐(2) 중 상위 2과목과 수(미/기) 합산5 [수의과]수(미/기)영및과탐(2) 합산7

■전형방법

√학생부 종합전형Ⅰ 일반전형에서 10명 미만, 의예과, 사범대, 수의예과에서는 1단계에서 3배수를 선발하고, 10명 이상의 모집단위에서는 2배수를 선발한다. 수능최저는 약학, 의과, 수의과, 간호, 사범대만 적용한다.

√학생부 종합전형Ⅰ 서류평가에서 수능최저기준은 약학, 의과, 수의과, 간호대만 적용한다.

■서류평가

▶학생부 종합전형Ⅰ

√학업역량이 40%일 정도로 중시되는데 학업성취도, 학업태도와 학업의지를 집중적으로 살펴본다.

√전공 적합성은 30% 반영되는데 전공 관련 교과목 이수 및 성취도, 전공에 대한 관심과 활동 경험이 중시된다.

√20% 반영되는 발전 가능성은 자기주도성, 경험의 다양성, 창의적 문제해결능력을 평가한다.

▶학생부 종합전형Ⅱ

√소프트웨어, 국가안보융합인재전형에서는 평가요소별 평가비율이 약간 다르다. 전공 적합성이 가장 중요하여 40% 반영히고, 학업역량은 30%를 반영한다. 발전 가능성과 인성의 반영비율은 동일하다.

■수능최저학력기준

√ √2024학년도에는 탐구를 2과목 합산을 반영했는데, 2025학년도에는 1과목을 반영한다. 단 약학, 의예, 수의예는 과탐 2과목 평균을 반영한다.

충북대학교

충북대학교 학생부 교과전형 주요사항 비교		
	2024학년도	2025학년도
전형명 및 모집인원	▶학생부교과(교과) *811명 ▶지역인재전형(교과) *305명	▶학생부교과(교과) *898명(▲87) ▶지역인재전형(교과) *320명(▲15)
지원자격	*졸업(예정)자	〈변동사항 없음〉
전형방법	▶학생부교과(교과) *811명 *교과100% ▶지역인재전형(교과) *305명 *교과100%	▶학생부교과(교과) *898명(▲87) *교과100% ▶지역인재전형(교과) *320명(▲15) *교과100%
반영방법	▶1학년:국,수,영,사,과 *2, 3학년에서 인문은 과학 제외, 자연은 사회 제외	▶1, 2, 3학년:국,영,수,사,과
교과성적 산출방법	석차등급 1 2 3 4 기준점수 10 9.5 9 8.5	〈변동사항 없음〉
진로선택 과목	성취도 A B C 등급 1 누적비율 누적비율	〈변동사항 없음〉
수능최저 학력기준	[인문,사과,경영,농경제,생과(인)]국수영 탐(2) 중 3개 영역 합12 [사범(인)]국수영탐 중 3개 합9 [농업생명(자),생과(자)]국수영과(2) 중 3개 영역 합12 [수학,정보통계]수(미/기하)+국영과 중 3개 영역 합12 [자원과학(수학,정보통계 제외),공대, 전자정보,바이오헬스]수+국영과(2) 중 3개 영역 합12 [수교]수(미/기)+국영과(2) 중 3개 합9 [사범대학(자연,수교제외)]수+국영과(2) 중 3개 영역 합9	[인문,사과,경영,농경제,생과(인)] 교과12/지역13 [사범(인)]교과10 [자과,공과,전자정보,농업생명(자), 생과(자)] 교과12/지역13 [사범(자)]교과10

■모집인원 확대

✓학생부 교과전형은 87명이 증가한 898명을 모집하고, 지역인재전형은 15명이 증가한 320명을 선발한다.

■교과반영

✓2024학년도에는 1학년은 국어, 영어, 수학, 사회, 과학 교과의 전 교과목을 반영했고 2, 3학년에는 공통계열은 국어, 영어, 수학, 사회, 과학 교과의 전 교과목을, 인문은 국어, 수학, 영어, 사회를 반영하고 자연은 국어, 수학, 영어, 과학을 반영했다.

✓2025학년도에는 1, 2, 3학년 계열에 관계없이 국어, 영어, 수학, 사회, 과학의 해당 교과 전과목을 반영한다.

■진로선택과목

✓성취도 A에는 학생비율에 관계없이 1등급을 부여한다.

✓성취도 B에는 누적비율(성취도 B의 학생비율+성취도 C의 학생비율)에 해당하는 석차등급을 부여한다.

✓또한 성취도 C에도 누적비율(성취도 C의 학생비율)에 해당하는 석차등급을 부여한다.

■수능최저학력기준

✓학생부 교과와 지역인재전형에 수능최저학력기준을 적용한다.

✓탐구는 1과목만 반영한다.

[수의과] 국어, 수학(미/기하)+영어, 과학(1) 중 3개 영역을 교과 합7/지역 합8

[약학] 수학(미/기하)+국어, 영어, 과학(1) 중 3개 영역을 교과 합6/지역 합7

[의예] 수(미/기하)+국어, 영어, 과학(1) 중 3개 영역을 교과 합4/지역 합5

[간호] 국어, 수학, 영어, 과학(1) 중 3개 영역을 교과 합10/지역 합11

충북대학교 학생부 종합전형 주요사항 비교		
	2024학년도	2025학년도
전형명 및 모집인원	▶학생부종합Ⅰ(종합) *416명	▶학생부종합Ⅰ(종합) *448명(▲32)
	▶학생부종합Ⅱ(종합) *297명	▶학생부종합Ⅱ(종합) *305명(▲8)
	▶SW웨어우수인재(종합) *30명	▶SW웨어우수인재(종합) *13명(▼17)
전형방법	▶학생부종합Ⅰ(종합) *416명 *서류100%	▶학생부종합Ⅰ(종합) *448명(▲32) *서류100%
	▶학생부종합Ⅱ(종합) *297명 *서류100%	▶학생부종합Ⅱ(종합) *305명(▲8) *서류100%
	▶SW우수인재(종합) *30명 *서류100%	▶SW웨어우수인재(종합) *13명(▼17) *서류100%
서류평가	▶평가영역 및 배점 *전문성46점+사회성20점+적극성14점	〈변동사항 없음〉
수능최저 학력기준	▶학생부종합Ⅱ [인문,사과,경영,농경제,생과(인)]국,수,영,탐(2) 중 3개 영역 합13 [농업생명(자),생과(자)]국,수,영,과(2) 중 3개 영역 합13 [수학,정보통계]수(미/기하)+국,영,과 중 3개 영역 합13 [자원과학(수학,정보통계 제외),공대,전자정보,바이오헬스]수+국,영,과(2) 중 3개 영역 합13	▶학생부종합Ⅱ [인문,사과,경영,농경제,생과(인)]국,수,영,탐(1) 중 3개 영역 합13 [농업생명(자),생과(자)]국,수,영,과(1) 중 3개 영역 합13 [수학,정보통계]수(미/기하)+국,영,과 중 3개 영역 합13 [자원과학(수학,정보통계 제외),공대,전자정보,바이오헬스]수+국,영,과(1) 중 3개 영역 합13

■선발인원 변동

√ 종합전형Ⅰ이 32명이 증가되었고, 종합전형Ⅱ도 8명이 증가했으나, SW웨어우수인재는 17명이 감소한 13명을 모집한다.

■서류평가

√ 충북대학교의 서류평가는 반영점수가 80점으로 기본점수가 40점이고 실질 반영점수는 40점이다.

√ 전문성에 46점이 반영되는데 지원 분야에 대한 열정·지적 노력이 평가요소이다.

√ 20점이 배정되는 사회성에서는 배려·협동심·성실성·봉사정신을 확인한다.

√ 적극성의 영역에서는 자기주도성·추진력을 평가하는데 14점을 반영한다.

■수능최저학력기준

√ 수학은 수학, 정보통계, 수의예, 약학, 제약, 의예에서만 미적분과 기하 중 택1이고 나머지 학과에서는 선택 제한을 해제하였다.

√ 탐구는 모든 모집단위에서 1과목만 반영한다.

[수의과] 국어, 수학(미/기하)+영어, 과학(1) 중 3개 영역을 교과 합7/지역 합8

[약학] 수학(미/기하)+국어, 영어, 과학(1) 중 3개 영역을 교과 합6/지역 합7

[의예] 수학(미/기하)+국어, 영어, 과학(1) 중 3개 영역을 교과 합4/지역 합5

[간호] 국어, 수학, 영어, 과학(2) 중 3개 영역을 교과 합10/지역 합11

■입시 결과

√ 인문은 3등급 중반에서 4등급 중반까지 분포되었다. 심리학과와 경영학부는 3등급 초반, 사학과, 사회학과는 4등급 초반에서 형성되었다.

√ 자연은 3등급 중반에서 4등급 중반까지 형성되었다. 화공이 3등급 정도이고 기계공학, 환경공학, 신소재가 3등급 중반에서 형성되었다. 물리, 지구환경, 토목 등이 4등급 중반에서 형성되었다.

2025 대입 수시
혼잡한 입시에서 승리하는 방법

1판 1쇄 발행   2024년 1월 10일

지은이   김혜남
펴낸이   최봉규

발행처   지상사(청홍)
등록번호   제2017-000075호
등록일자   2002. 8. 23.
주소   서울 용산구 효창원로64길 6(효창동) 일진빌딩 2층
우편번호   04317
전화번호   02)3453-6111 팩시밀리   02)3452-1440
홈페이지   www.jisangsa.com
이메일   c0583@naver.com

*잘못 만들어진 책은 구입처에서 교환해 드리며, 책값은 뒤표지에 있습니다.